Zu diesem Buch

Mind Mapping – das ist eine spezielle Art, sich Notizen zu machen. Normalerweise beschreibt man ein Blatt von oben links bis unten rechts und erkennt später auf den ersten Blick – nichts!

Mind Maps funktionieren anders: In der Mitte des Blattes, im Zentrum, steht das Thema, und von da aus verzweigen sich alle Gedanken. So kann man besser lernen, planen und organisieren sowie Referate oder Präsentationen strukturieren. In diesem Buch wird die Methode des Mind Mapping, die – vom Schüler bis zum Manager – jeder nutzen kann, klar und anschaulich vorgestellt. Übungen und kleine Aufgaben zeigen schon während der Lektüre, wie Mind Maps funktionieren.

Die Autorin

Margit Hertlein hat Ethnologie und Betriebswirtschaft studiert und war viele Jahre als Geschäftsführerin eines Autohauses tätig. Sie arbeitet heute in den Bereichen Konzeptionierung, Training und Coaching für Management und Unterrichtende.

Margit Hertlein

Mind Mapping –
Die kreative Arbeitstechnik

Spielerisch lernen
und organisieren

Rowohlt

Für Julia und Fabian

21.–25. Tausend Mai 1999

Originalausgabe
Veröffentlicht im Rowohlt Taschenbuch
Verlag GmbH, Reinbek bei Hamburg, Juni 1997
Copyright © 1997 by Rowohlt Taschenbuch
Verlag GmbH, Reinbek bei Hamburg
Umschlaggestaltung Walter Hellmann
(Illustration: Cathrin Günther)
Layout Birgit Meyer
Satz Minion und Frutiger Postscript,
QuarkXPress 3.32
Gesamtherstellung Clausen & Bosse, Leck
Printed in Germany
ISBN 3 499 60229 6

Die Schreibweise entspricht den Regeln
der neuen Rechtschreibung.

Inhalt

noch **?** Fragen

Herzlich

Mind M
die kreative Ar

Einsatz-
möglichkeiten

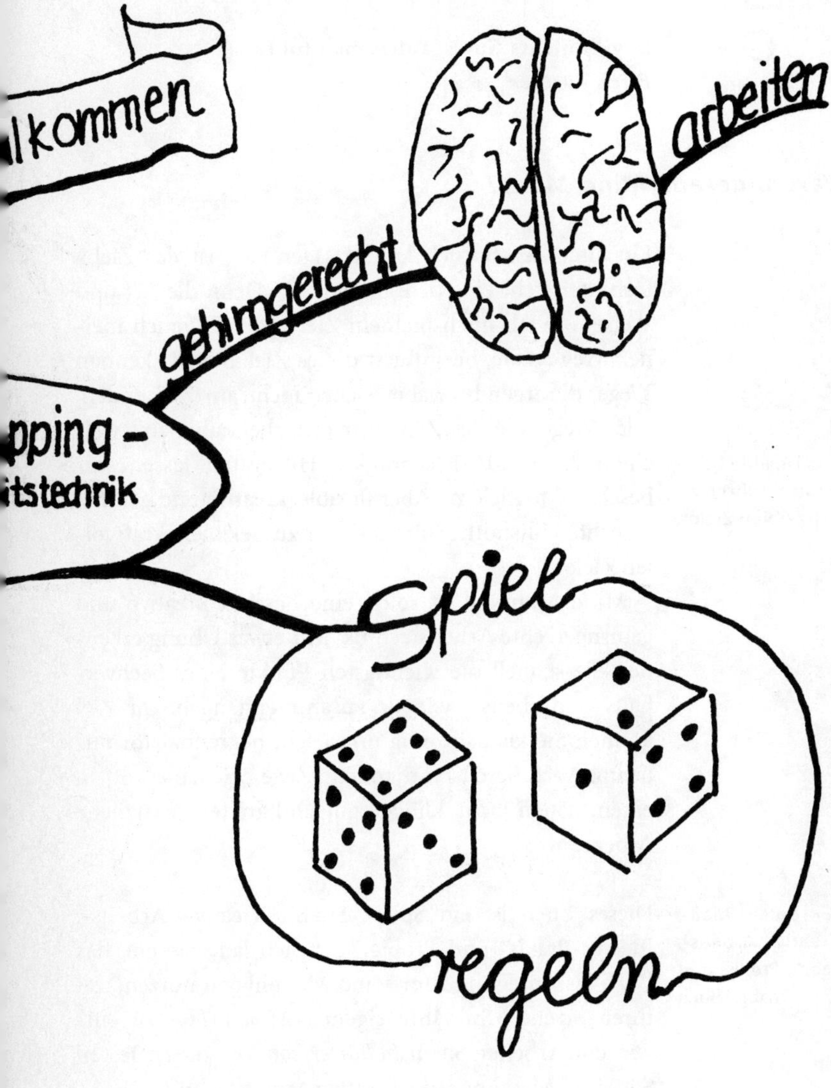

lkommen
gehirngerecht
arbeiten
pping -
itstechnik
Spiel
regeln

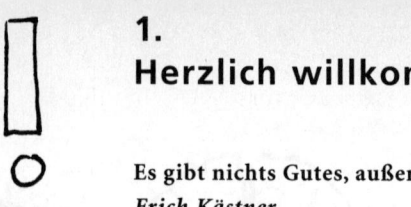

1.
Herzlich willkommen!

Es gibt nichts Gutes, außer man tut es.
Erich Kästner

Warum gerade Mind Maps?

Ein alter Zen-Spruch lautet: «Der Weg ist das Ziel.» Dahinter steht eine tiefe Erkenntnis. Denn die Art und Weise, wie ich mich meinem Ziel nähere, wie ich meinen Weg wähle, beeinflusst dieses Ziel. Sie alle kennen Wege, die irgendwo, aber sicher nicht am Ziel enden, oder Wege, die das Ziel zwar erreichen, aber mit welchem Aufwand? Beschränkte Hilfsmittel lassen nur beschränkte Ziele zu. Aber flexible, kreative und gehirngerechte Hilfsmittel führen sicher zu flexiblen, kraftvollen Zielen.

Flexible Hilfsmittel führen zu flexiblen Zielen

Mind Mapping ist solch eine flexible, kreative und gehirngerechte Arbeitstechnik. Mit etwas Übung erkennen Sie schnell die wichtigsten Punkte eines Sachverhalts und ebenso, wie sie zusammenhängen. Ihr Ziel können Sie klar, stimmig und leicht begreifbar formulieren. Auch bereits vorhandene Ziele erscheinen oft in einem neuen Licht, klingen gut und greifen zusätzliche Aspekte auf.

Ein Spiel-, Spaß-, Kreativ-, Arbeits-, Ideen-, Praxis- und Probierbuch

Dieses Buch ist ein Spiel-, Spaß-, Kreativ-, Arbeits-, Ideen-, Praxis- und Probierbuch. Ich lade Sie ein, das Buch als Anregung zum Mind Mapping zu nutzen, um Ihren eigenen Stil, Ihre eigenen *Mind Maps* zu entwickeln. Arbeiten Sie *nicht härter, sondern klüger*. Testen Sie Mind Mapping – die kreative Arbeitstechnik.

Für wen ist dieses Buch geeignet?

Dieses Buch bietet wertvolle Tipps und Hinweise
- für alle, die ihr Berufsleben mit kreativen Arbeitstechniken zielgerichteter gestalten wollen,
- für Studenten und Schüler, um sich auf Prüfungen vorzubereiten,
- für Unterrichtende, um die Stofffülle übersichtlich und packend darzustellen, und
- für alle, die schnell und strukturiert arbeiten wollen.

Der rote Faden durch das Buch

Jede Gliederung finden Sie in herkömmlicher Form und als Mind Map

Um Ihnen den Umgang mit diesem Buch zu erleichtern, finden Sie jede Übersicht in zwei verschiedenen Darstellungsweisen: einmal als Gliederung in der gewohnten Form und einmal als Mind Map. So können Sie durch den Vergleich der beiden Darstellungen den Aufbau eines Mind Maps direkt miterleben. Das gilt für das Inhaltsverzeichnis und die Übersicht über das gesamte Buch, die Sie am Beginn gesehen haben, sowie für die folgenden Kapitel: Jedes beginnt mit einer herkömmlichen Gliederung und einem Mind Map. Die Symbole aus den Mind Maps finden Sie an den entsprechenden Stellen des Kapitels wieder.

Sie können sich diese Übersicht-Mind-Maps auch kopieren, beim Lesen neben das Buch legen und mit Ihren Anmerkungen, Ästen und Zweigen ergänzen.

Die zentrale Aussage steht «hier», die Details lesen Sie gegenüber

Zur schnellen Orientierung finden Sie am Seitenrand neben dem ausführlichen Text immer eine kurze Zusammenfassung, die auch das Nachblättern erleichtert. Im Text können Sie dann die Details zu den zentralen Aussagen entdecken.

9

Sind Sie startklar? Bevor Sie weiterlesen, legen Sie
weißes oder farbiges [1] Papier
(ohne Linien oder Karos),
einen [2] Bleistift und Buntstifte,
den passenden [3] Radiergummi oder
verschiedenfarbige [4] Filzschreiber
und [5] Leuchtmarker bereit.
Können Sie Ihre [6] Lieblingsmusik auflegen?
Geht es Ihnen [7] gut?
Dann sind Sie ja startklar [8]!

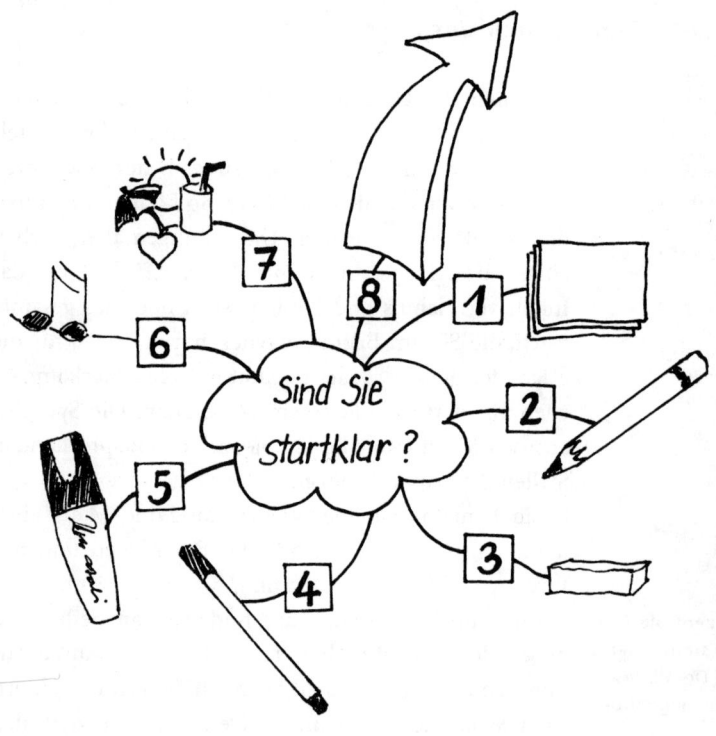

Und jedem Anfang wohnt ein Zauber inne ...
Hermann Hesse

2.
So funktioniert gehirngerechtes Arbeiten

2.1 Das menschliche Gehirn
Unser Gehirn besteht aus mehreren, miteinander verbundenen Teilen, die aus *entwicklungsgeschichtlich* verschiedenen Zeiten stammen. Es umfasst das Reptiliengehirn, das limbische System und das Großhirn.

2.2 Die zwei Gehirnhälften
Das Großhirn ist in zwei Hälften geteilt (die *Hemisphären*) und mit einem Nervenfaserbündel (Corpus callosum) verbunden. Die beiden Gehirnhälften arbeiten auf verschiedene Weise. Beim Mind Mapping nutzen Sie das Potential beider Hälften.

2.3 Denken in vernetzten Strukturen
Noch bevor im Gehirn die eigentliche Denktätigkeit beginnt, muss eine logische Grundstruktur vorhanden sein, die die einströmenden Informationen auffängt und ordnet. Diesem gedanklichen *Netz* entsprechen die vernetzten Strukturen des Mind Mapping.

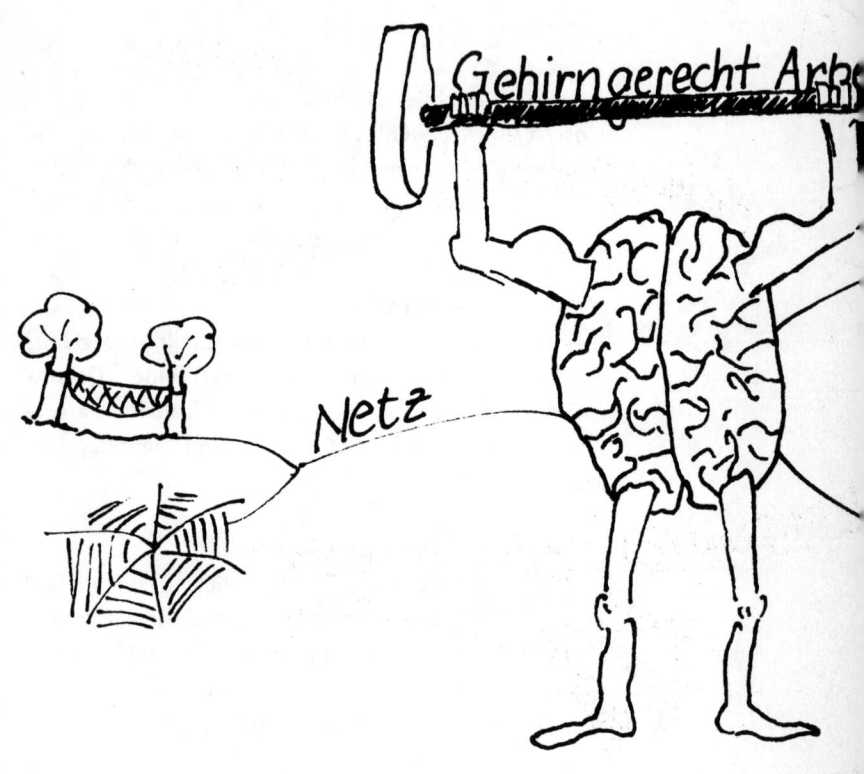

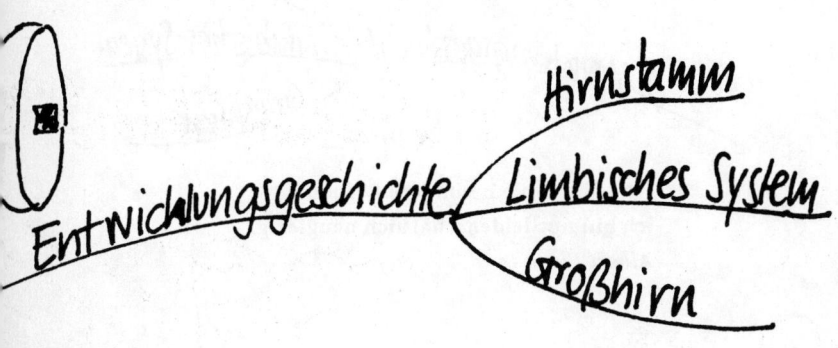

Entwicklungsgeschichte
- Hirnstamm
- Limbisches System
- Großhirn

Hemisphären
- Zahlen
- Sprache
- Rational
- Musik
- Bilder
- Farbe

2.1
Das menschliche Gehirn

Entwicklungsgeschichte
Hirnstamm
Limbisches System
Großhirn

Ich habe keine besondere Begabung,
ich bin nur leidenschaftlich neugierig.
Albert Einstein

Gedanken ent-
wickeln sich ver-
netzt, sprunghaft
und in Schlüssel-
wörtern

Kennen Sie die Situation? Vor Ihnen liegen viele DIN-A4-Seiten, eng beschrieben oder bedruckt in einer monotonen, linearen Form, und alles soll möglichst schnell aufgenommen und natürlich auch gut verarbeitet werden? Wir werden überschwemmt von solchen Informationen. Aber unsere Gedanken entwickeln sich nun mal nicht wohl geordnet einer nach dem anderen und von links oben nach rechts unten, sondern in Stichpunkten, Geistesblitzen, assoziativen Bildern und Vernetzungen. Doch bei den heute vorherrschenden Formen der Informationsvermittlung können wir uns von der intellektuellen Kraft eines voll leistungsfähigen Gehirns gar keine Vorstellung machen.

Wie ist unser Ge-
hirn aufgebaut?

Was aber passiert in unserem Gehirn, wenn wir Informationen aufnehmen, lernen oder uns erinnern wollen? Wie ist unser Gehirn aufgebaut?

Das, was wir als Einheit in unserem Kopf begreifen und auffassen, besteht eigentlich aus mehreren Teilen. Je weiter die Gehirnforschung fortschreitet, desto größer wird das Wissen um diese Teile und ihre Vernetzungen und Zusammenhänge. Aber je größer dieses Wissen

14

wird, desto mehr wird uns bewusst, wie wenig wir immer noch vom menschlichen Gehirn wissen.

Das Gehirn besteht aus drei verschiedenen Teilen

Bekannt ist heute, dass das menschliche Gehirn aus mehreren Teilen besteht, die miteinander verbunden sind und aus verschiedenen Zeiten der Entwicklungsgeschichte stammen. Der Mensch selbst ist ja, entwicklungsgeschichtlich betrachtet, nicht etwa das erste, sondern eines der letzten Lebewesen, das auf dieser Erde seinen Platz fand.

Der älteste Gehirnteil ist das Reptiliengehirn, der Hirnstamm

Der *Hirnstamm* oder das *Reptiliengehirn* ist der älteste und tiefliegendste Teil des menschlichen Gehirns und hat sich vor ca. 500 Millionen Jahren entwickelt. Den Namen «Reptiliengehirn» trägt er, weil dieser Hirnstamm dem vollständigen Gehirn eines Reptils ähnelt und alle lebenswichtigen Bereiche wie die Atmung, den Herzschlag, die Nahrungsaufnahme oder die Darmtätigkeit beeinflusst. Auch die Kontrolle unseres Gesichtsausdruckes hat hier ihren Sitz. Wenn nun so ein Reptiliengehirn Teil unseres menschlichen Gehirns ist,

Der Hirnstamm ist verantwortlich für Nahrungsaufnahme, Atmung, Herzschlag und Verdauung

Der Hirnstamm

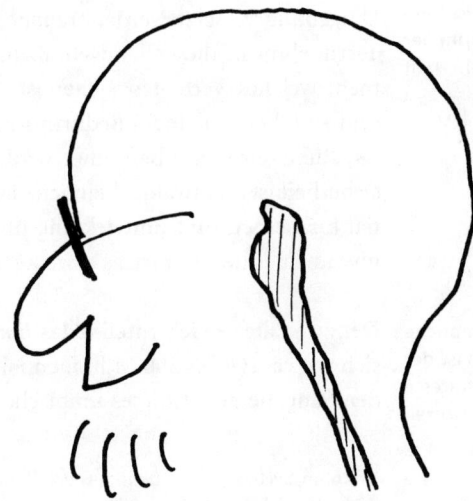

dann heißt das natürlich nicht, dass wir alle direkt mit Reptilien, wie z. B. den Krokodilen oder Schildkröten, zu vergleichen sind. Aber trotzdem werden bestimmte grundlegende Bedürfnisse beim Menschen genauso wie bei der Schildkröte gesteuert. Bei der Schildkröte macht dieser Gehirnteil allerdings fast das gesamte Hirnvolumen aus. Unser Hirnstamm sagt uns z. B., dass wir Hunger haben oder müde sind. Müde oder mit knurrendem Magen sollten Sie sich deshalb nicht an eine kreative Arbeitstechnik machen. Ihr Reptiliengehirn findet sonst Mittel und Wege, um seine Bedürfnisse zuerst zu befriedigen. Robin Beebe hat das sehr schön beschrieben:

Wenn Sie müde oder hungrig sind, sollten Sie zuerst auf Ihr Reptiliengehirn eingehen

«Ich bin auch ein Reptil, und deshalb bestehe ich auf einem gewissen Ausmaß an Ordnung: dass die Sonne jeden Morgen aufgeht und jeden Abend untergeht, dass diejenigen, die mich verlassen, zurückkommen. Ich bin ein Gewohnheitstier und ziehe meinen rechten Schuh vor dem linken an … putze meine Zähne nach jeder Mahlzeit. All dies gibt mir auf einer sehr tiefen Ebene ein Gefühl der Sicherheit. Wenn ich in eine ganz neue Umgebung versetzt werde, brauche ich Zeit, um mein Territorium in dieser Umwelt abzustecken, zu bestimmen, welches Verhalten sicher ist und welches nicht, und zu sehen, wie mein Bedürfnis nach Nahrung, Wasser, Ruhe, Ordnung befriedigt wird. Ohne diese Basissicherheit ist es unwahrscheinlich, dass sich mein Potential für Lernen und Entwicklung über das Überlebensniveau eines Reptils hinaus erweitert.»[1]

Das Reptiliengehirn braucht ein Gefühl der Sicherheit

Das limbische System ist der zweitälteste Gehirnteil

Der zweitälteste Gehirnteil – das *limbische System* – hat sich vor ca. 200 bis 300 Millionen Jahren entwickelt. Bei den Säugetieren ist dieses limbische System am höchs-

---

1 Robin Beebe: The Revolving Angel. Education the Triune Brain. Vol. III, Dromenon 1980.

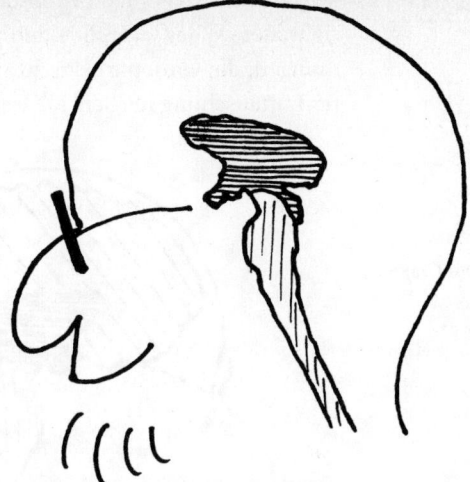

*Das limbische
System*

ten entwickelt, manchmal findet man deshalb auch den Begriff «Säugerhirn». Dort werden die für das Überleben eines Individuums wichtigen Verhaltensweisen gesteuert. Im Austausch mit den anderen Teilen des Gehirns ist das limbische System unter anderem dafür verantwortlich, Emotionen und Gerüche zu erkennen. Gleichzeitig ist es das wichtigste Kontrollzentrum für Gefühle und sexuelle Reaktionen. Wichtig für das Speichern von Informationen, also für das Lernen ganz allgemein, ist der *Hippocampus* im limbischen System. Dort werden die Gedächtnisinhalte zwischengelagert, bevor sie im Langzeitgedächtnis des Großhirns endgültig abgespeichert werden können. Das bedeutet, dass Lernen und Erinnern umso leichter geht, je stärker es mit Gefühlen verbunden ist. Umgekehrt sollten Sie erst einmal Dampf ablassen, wenn Sie sich gestresst an eine Denkarbeit setzen wollen.

Das limbische System ist also zuständig für Gefühle, Aufmerksamkeit, Lernen und Gedächtnis. Es wandelt

Das limbische System ist das Kontrollzentrum für Gefühle und sexuelle Reaktionen

Lernen Sie mit guten Gefühlen, dann erinnern Sie sich leichter

die Informationen, die es von der Umwelt erhält, leitet sie weiter an das Großhirn und überflutet es mit Stimmungen, die von optimistischer Vorfreude bis zu bitterer Enttäuschung reichen.

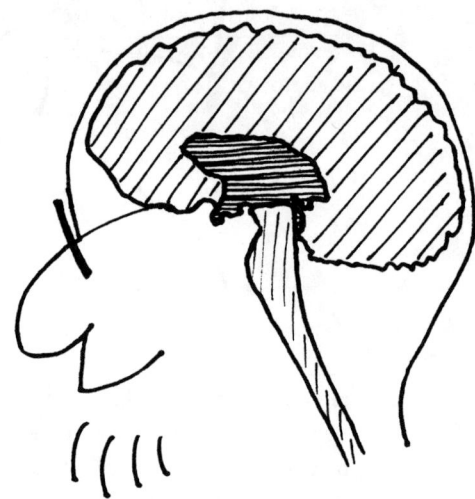

Das Großhirn

Der jüngste Gehirnteil ist das Großhirn, der Neocortex

Der jüngste Teil unseres Gehirns, das *Großhirn*, entwickelte sich bei den höheren Säugetieren vor etwa 50 Millionen Jahren – also stammesgeschichtlich vor gar nicht so langer Zeit. Während Reptiliengehirn und limbisches System sicherstellen, dass wir überleben können und angemessene Emotionen und Motivation zeigen, hat unser Großhirn eine riesige Kapazität, Informationen aufzunehmen, zu speichern und zusammen mit den anderen Gehirnteilen zu verarbeiten.

Das Großhirn ist zuständig für Sprache und alle Kulturschöpfungen

Im Großhirn (unterstützt von Stammhirn und limbischem System) verbirgt sich alles, was uns als Personen ausmacht: Hier werden Entscheidungen getroffen, individuelle Erfahrungen abgespeichert und wieder abgerufen. Sprache wird im Großhirn erzeugt und verstanden, ebenso wie Kunstwerke, Malerei und Musik. Neue Informationen werden analysiert und – ganz wichtig für unsere Weiterentwicklung – mit alten Informationen früherer Erlebnisse verglichen. Dabei ist das Großhirn, auch *Neocortex* genannt und Sitz unseres Gedächtnisses und Bewusstseins, nur etwa 3 mm dick, aber so ausladend, dass es nur sehr stark gefaltet in der Schädelhöhle Platz hat.

2.2
Die zwei Gehirnhälften

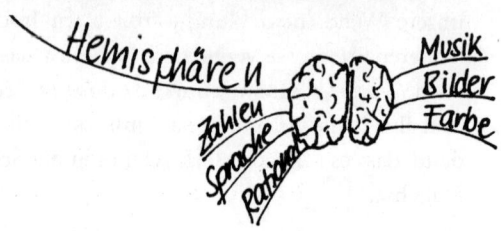

Das Großhirn ist in zwei Hälften geteilt, die Hemisphären, die mit einem Nervenfaserbündel verbunden sind

Das Großhirn ist in zwei Hälften unterteilt, die so genannten *Hemisphären*. Beide sind durch ein Nervenfaserbündel mit Millionen von Bahnen, das *Corpus callosum*, verbunden. Der Amerikaner Roger Sperry fand heraus, welche Bedeutung diese Hemisphären-Teilung hat. Seine bahnbrechenden Versuche, für die er 1981 den Nobelpreis erhielt, wiesen nach, dass die beiden Gehirnhälften unterschiedliche Arbeitsmethoden aufweisen, dass die linke und die rechte Gehirnhälfte in ihren Fähigkeiten und in ihrer Organisation eben nicht identisch sind.

Die linke Gehirnhälfte steuert die rechte Körperseite – und umgekehrt

Schon vor Sperrys Erfolgen wusste man, dass die linke Gehirnhälfte alle Bewegungen steuert, die die rechte Körperseite betreffen, und umgekehrt. Ebenfalls bekannt war die Verbindung der beiden Gehirnhälften durch das Corpus callosum. Vermutungen über die Arbeitsweise der Gehirnhälften wurden von Beobachtungen abgeleitet, die man bei Patienten mit Schädigungen der linken bzw. rechten Hemisphäre gemacht hatte. Dabei stellte sich heraus, dass Patienten, deren linke Gehirnhälfte geschädigt war, zumeist sprachlich sehr beeinträchtigt waren, während Patienten mit Verletzungen der rechten Gehirnhälfte Schwierigkeiten mit der bildlichen Wahrnehmung hatten.

Beobachtungen von Patienten mit Schädigungen des Gehirns führten zu völlig neuen Erkenntnissen über dessen Funktionsweise

Überraschend war außerdem die Beobachtung, dass Schädigungen verschiedener Gehirnhälften unterschiedliche Emotionen hervorriefen. Die meisten Verletzungen der linken Gehirnhälfte wurden von einem Gefühl des Verlustes begleitet, die Patienten waren häufig depressiv, weil die sprachliche Einschränkung sie stark belastete. Bei Schädigung der rechten Gehirnhälfte schienen sich die Patienten oft überhaupt keine Sorgen über ihren Zustand zu machen, aber die Fähigkeit, die Gefühle anderer wahrzunehmen, war beeinträchtigt. Oder wie es Norman Geschwind beschrieb: «Ein Patient mit einer linksseitigen Hirnverletzung kann die Bedeutung einer gesprochenen Äußerung möglicherweise nicht verstehen, aber er begreift in vielen Fällen die emotionale Botschaft der Aussage. Ein Patient mit einer Störung in der rechten Hirnhälfte erfasst dagegen in der Regel den Sinn des Gesagten, erkennt aber oft nicht, ob die Worte in einem ärgerlichen oder heiteren Ton gesprochen wurden.»[2]

Neurophysiologen haben auf der Grundlage dieser Erkenntnisse versucht, die Funktionen der beiden Hirnhälften zu definieren:

Der linken Groß-hirn-Hemisphäre zugeordnet: Sprache, Logik, fortlaufende Analyse, Folge, Zahl

So gehören zur *linken Großhirn-Hemisphäre* Fähigkeiten wie sprechen, lesen, schreiben, mathematisches Verständnis, analytisches Denken und logische Schlussfolgerungen, außerdem das Benennen von Objekten, die Interpretation von Geschichten und die fortlaufende Analyse. In der linken Hemisphäre werden zeitliche Abläufe analysiert und zerlegt, die Zeit wird als Zeitablauf wahrgenommen. Zu ihren Aufgaben zählt auch die rationale Erklärung für eigene Motive sowie das Beobachten und Analysieren. Die linke Gehirnhälfte wird in der digitalen Kommunikation aktiviert. Unter dem Begriff «digitale Kommunikation» kann man Ver-

2 Norman Geschwind: Die Großhirnrinde. In: Gehirn und Nervensystem. Woraus sie bestehen – wie sie funktionieren – was sie leisten. 9. Aufl., Heidelberg 1988.

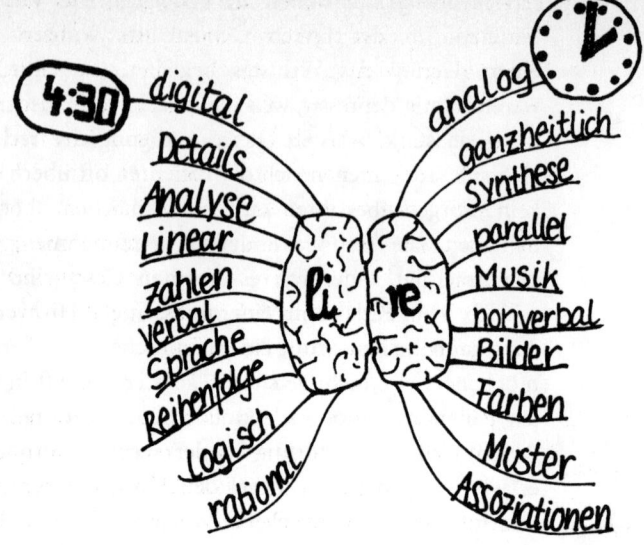

ständigungsprozesse zusammenfassen, bei denen Zeichen und Ziffern – also keine bildhaften Symbole – ausgetauscht werden, so wie z. B. die Digitaluhr ja kein bildhaftes Zifferblatt hat, sondern die Zeit mit Zahlen anzeigt. Und da jede Hemisphäre die gegenüberliegende Körperhälfte steuert, ist die linke Gehirnhälfte mit der rechten Körperhälfte, der rechten Hand und dem rechten Sehfeld verbunden.

Der rechten Großhirn-Hemisphäre zugeordnet: Bilder, Farben, Gesamtheit, Rhythmus, gleichzeitige Informationsbearbeitung

Zur *rechten Großhirn-Hemisphäre* gehört das Aufnehmen, Verstehen und Entwickeln von Geschichten sowie die bildhafte Sprache; außerdem das Erfassen von Bildern, Mustern und Strukturen, die Geometrie und das Verständnis für räumliche Dimensionen. Weitere Spezialisierungen der rechten Gehirnhälfte sind die gleichzeitige, parallele oder auch ganzheitliche Bearbeitung von Informationen, die zeitliche Integration und Synchronisierung. Die rechte Gehirnhälfte ist der Ort für Träume, Intuition, Rhythmus und Musik. Sie bevorzugt die analoge Kommunikation, bei der nach ähnlichen Formen gesucht oder mit Symbolen kommuniziert wird, so wie z. B. die Analoguhr mittels Zifferblatt und Zeiger Stunde und Minute anzeigt und für zwölf Uhr Mittag und Mitternacht die gleiche Form, das gleiche Aussehen hat. Und so wie mit der linken Hemisphäre die rechte Körperhälfte gesteuert wird, so steuert die rechte Hemisphäre umgekehrt die linke Körperhälfte, die linke Hand und das linke Sehfeld.

Aus dem Wissen über die unterschiedlichen Arbeitsweisen der Gehirnhälften entwickelte Tony Buzan Mind Maps

Auf der Grundlage dieser Erkenntnisse machte sich der Engländer Tony Buzan daran, neue kreative Arbeitstechniken zu erproben. Gemäß dem Motto: «Warum nur mit einer Gehirnhälfte arbeiten, wenn wir zwei zur Verfügung haben», entwickelte er aus dem Wissen von linker und rechter Hemisphäre die Idee einer «Gedankenkarte», eines «Mind Maps».

2.3
Denken in vernetzten Strukturen

Netz

Es wäre vorschnell, nun einfach von «linkshirnigen» und «rechtshirnigen» Arbeitstechniken zu sprechen. Denn unser Gehirn arbeitet niemals nur mit der linken oder rechten Gehirnhälfte, auch nicht entweder mit dem limbischen System oder mit den Cortexstrukturen, dem Großhirn. Jedoch tritt die eine oder andere Aktivität bei bestimmten Gelegenheiten in den Vordergrund.

Möchten Sie die unterschiedliche Arbeitsweise Ihrer Gehirnhälften ausprobieren?

Wie die Gehirnhälften zusammenarbeiten bzw. sich gerade nicht unterstützen, können Sie selbst ausprobieren: *Bitte stellen Sie sich jetzt auf keinen Fall einen rosa Elefanten mit blauen Punkten vor.* Und was haben Sie vor Ihrem inneren Auge gesehen?

Ihr Gehirn hat auf diese Bitte mit der Produktion eines Bildes reagiert. Die Worte «rosa Elefant» wurden blitzschnell von der rechten Gehirnhälfte in ein Bild übersetzt und vom limbischen System mit hoffentlich positiven Emotionen verstärkt. Selbst der Hinweis «auf keinen Fall» konnte Ihr Gehirn nicht am Abbilden hindern – denn negative Formulierungen kann das Gehirn sowieso nur dann umsetzen, wenn es zuerst die positive Botschaft hervorzaubert, um diese dann quasi «durchzustreichen». Übrigens, falls Sie demnächst jemanden treffen, der Ihnen erzählt, «er will *nicht* mehr rauchen», dann schildern Sie ihm doch, was sein Gehirn mit dieser Botschaft anstellt. Als erstes wird eine Zigarette und der

Genuß des Rauchens aktiviert, und erst danach versucht sich das Gehirn am *nicht*.

Aber zurück zum rosa Elefanten: Ihr Gehirn hat diese Wort-Bild-Botschaft gut speichern können (tut mir Leid, aber der rosa Elefant mit den blauen Punkten wird Sie deshalb noch eine Weile begleiten), weil das Bild ohne Probleme aktiviert werden konnte. Um noch einmal auf die Gehirntheorie zurückzukommen: In der linken Hemisphäre taucht ein Wort als Wort – als Sprache – auf, ein kognitiver Denkprozess, der in der rechten Gehirnhälfte eine visuelle Vorstellung, ein Bild, auslöst. Wenn wir es schaffen, diese beiden Prozesse zu kombinieren, dann erreichen wir ein Höchstmaß an gehirngerechter Effektivität.

So, und jetzt stellen Sie sich bitte Koprolalie vor. (Bitte verzweifeln Sie nicht, dieses Wort ist ein medizinischer Fachbegriff.)

Was haben Sie vor Ihrem inneren Auge gesehen? Wahrscheinlich nichts (wenn Sie nicht zufällig dieses Wort kennen). Denn hier kann kein Bild entstehen, weil Sie das Wort bisher noch nicht durch Ihre rechte Gehirnhälfte mit Assoziationen, Farben usw. gefüllt haben. Wenn Sie aber jetzt erfahren, dass Koprolalie «das zwanghafte Aussprechen obszöner Wörter» bedeutet, dann entstehen in Ihrem Gehirn sofort Zusammenhänge, Assoziationsketten und Bilder. Neue Strukturen haben sich gebildet.

Jedes Mal, bevor die eigentliche Denktätigkeit beginnen kann, bevor neue Eindrücke gespeichert und Gedankenverbindungen geknüpft werden können, muss bereits so etwas wie ein Grundnetz vorhanden sein, in das diese neuen Inhalte fallen können. In meiner Vorstellung sehe ich dabei immer so etwas wie eine überdimensionale Gedanken-Hängematte, in der ich alle

Bevor das eigentliche Denken beginnt, muss ein Gedankennetz zum Anknüpfen vorhanden sein

Informationen sammeln kann. Beim vernetzten Denken und den Verknüpfungen durch das Mind Map haben Sie dieses Netz immer dabei. Es ist gleichsam als Sicherheitsnetz unter alle anderen Dinge gespannt. Denn Sie machen ja nicht nur Mind Maps, wenn Sie sie zeichnen. Unbewusst arbeitet Ihr Gehirn ohnehin schon mit solchen Mind Maps, wenn neue Strukturen gebildet werden und rechte und linke Gehirnhälfte Muster sortieren. Die Äste und Verzweigungen Ihrer bereits vorhandenen Mind Maps werden dann mit neuen Ästen und Zweigen verbunden. Beim Mind Mapping als Arbeitstechnik steht Ihnen die Kapazität beider Gehirnhälften zur Verfügung.

Belegt – und z. B. nachzulesen im «Wunderland des Lernens» von Jürgen Hüholdt – ist mittlerweile, dass sich die «denkenden Substanzen» im Großhirn mit seiner Benutzung vermehren und dass vernetzte Lern- und Arbeitsstrukturen die Vernetzung des Gehirns fördern. Wenn viel nachgedacht wird, vermehren sich die Synapsen (Verbindungsstellen zur Übertragung zwischen den Nervenenden), Teile des limbischen Systems werden schwerer, und die kleinsten Blutgefäße, die Kapillaren, erweitern sich. Durch die größere Zahl der Synapsen und die immer zahlreicheren Verknüpfungen der Nervenbahnen wird die Netzstruktur von Informationen immer dichter geknüpft. Denken fördert also Denken. Je mehr Sie lernen, desto besser lernen Sie. Dabei trägt der Einsatz von gehirngerechten, kreativen Arbeitstechniken zum schnelleren Erkennen von übergreifenden Mustern und zum besseren Erinnern bei.

Durch die gehirngerechte Darstellung eines Vorganges, Plans oder einer Aufgabe aktivieren Sie das assoziative Potential Ihres Unterbewusstseins. Mit ein wenig Übung werden Sie feststellen, dass die Schlüsselwörter eines Mind Maps schnell zu den wichtigsten Punkten von Sachverhalten führen bzw. deren Zusammenhänge aufzeigen.

Mind Mapping heißt gehirngerechtes Arbeiten mit beiden Hemisphären

Mind Mapping bedeutet gehirngerechtes, ganzheitliches Arbeiten oder, wie es Peter Kline formulierte: «Mind Mapping ist der meines Wissens nach effektivste Mechanismus, um diese erhöhte Flexibilität des Denkens Wirklichkeit werden zu lassen. Ergänzen Sie die heute weltweit verbreitete verbale Form des Mind Mappings, um die Ressourcen des selten genutzten visuellen Denkens, und Sie haben ein Werkzeug, das bei wichtigen Projekten Monate wertvoller Zeit sparen könnte.» [3]

Das Unbewusste schätzt Beziehungen.
O'Connor/Seymour

3 Peter Kline: Das alltägliche Genie. Oder: Wie man sich in das Lernen neu verlieben kann. Paderborn 1995, S. 369.

3.
Die Mind-Map-Spielregeln

**Regeln sind geronnene Erfahrungen,
aber Ausnahmen bestätigen die Regel.**

3.1 Das Papier
Legen Sie das Blatt quer und schreiben oder zeichnen Sie Ihr Hauptthema in die Mitte. Sie behalten einen besseren Überblick, wenn Sie das Blatt beim Schreiben *nicht* drehen.

3.2 Die Äste
Zeichnen Sie von dieser Mitte aus stärkere Äste und daran dann feinere Zweige. Achten Sie darauf, dass zwischen den Linien der Äste und Zweige keine Lücken bleiben: Ihr Gehirn braucht sonst zusätzliche Energie, um Äste und Zweige zusammenhängend zu speichern und die Gesamtstruktur zu erkennen. Versuchen Sie es mit naturnahen Linien.

3.3 Die Wörter
Verwenden Sie Schlüsselwörter mit «Aha-Effekt» und schreiben Sie immer nur ein Wort auf jede Linie. Blockbuchstaben erleichtern das schnelle Lesen. Passen Sie bitte die Linienlänge der Wortlänge an und schreiben Sie lesbar!

3.4 Die Farben
Farben können Themen in Ihrem Mind Map betonen, hervorheben oder ausschmücken. Verschiedene Bereiche unterscheiden Sie mit Farben prägnanter. Um Zuhörern bei Vorträgen zu zeigen, an welcher Stelle

Ihrer Ausführungen Sie sich gerade befinden, färben Sie die entsprechenden Äste, die bereits abgearbeitet oder besprochen sind.

3.5 Die Bilder

Kombinieren Sie Wörter mit Bildern oder Symbolen. Wenn Sie im Zeichnen noch ungeübt sind oder meinen, dass Sie nicht zeichnen können, versuchen Sie es zuerst mit Symbolen. Beim Einsatz von Mind Maps bei Vorträgen oder Präsentationen sollten Ihre Bilder und Symbole allgemein verständlich sein.

3.6 Und zum Schluss ...

Denken Sie daran: In einem Mind Map können Sie jederzeit noch etwas ergänzen, einfügen oder ändern. Eine Nummerierung zum Schluss hilft Ihnen dann, Ihre Äste wieder in die richtige Reihenfolge zu bringen. Themen, die miteinander in Beziehung stehen, können durch Hinweispfeile verbunden werden. Arbeiten Sie mit Musik!

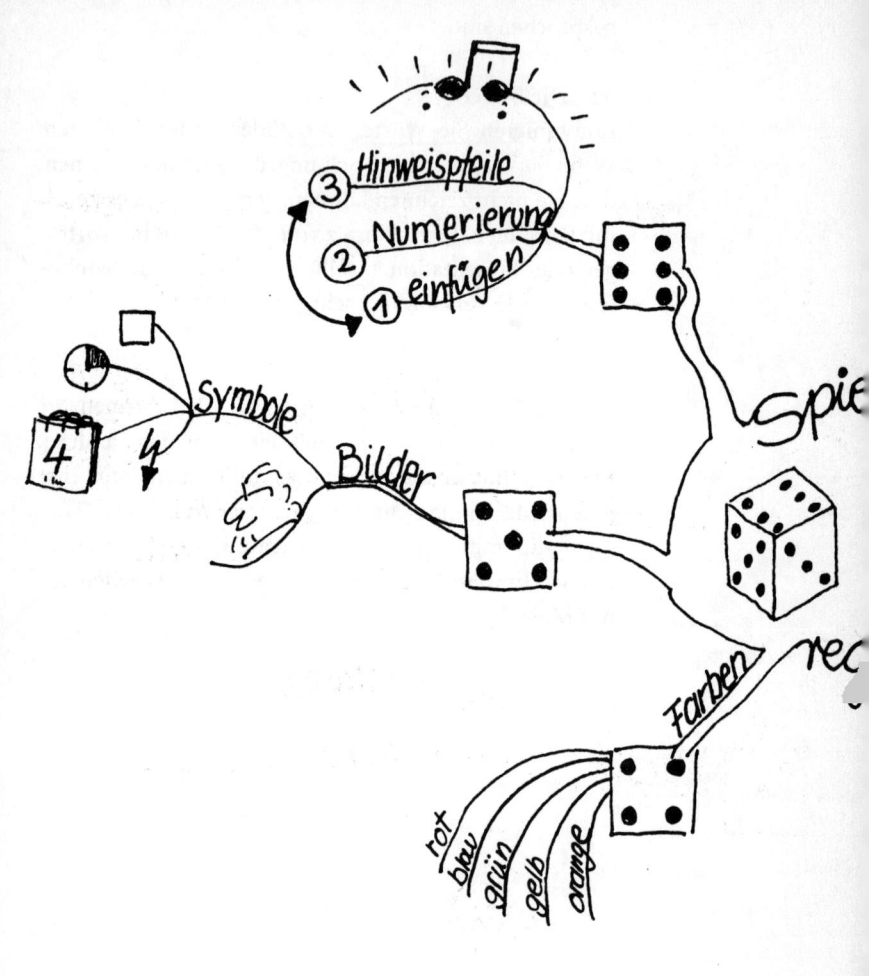

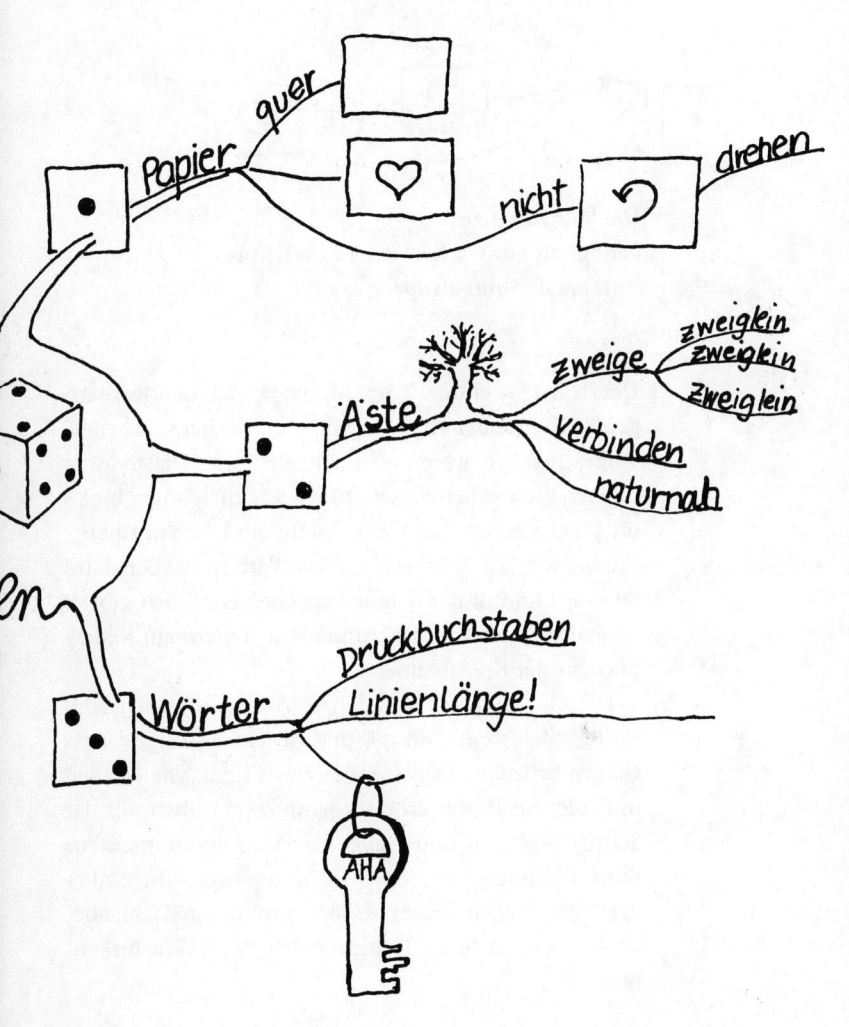

3.1
Das Papier

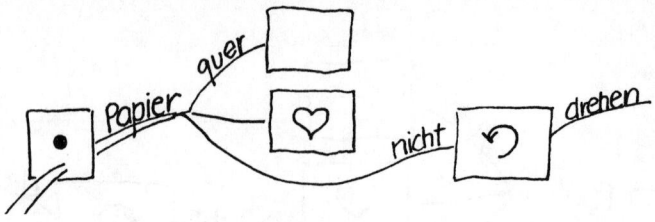

Um klar zu sehen,
genügt oft ein Wechsel der Blickrichtung.
Antoine de Saint-Exupéry

Überlegen Sie einmal kurz: Mit wie vielen querformatigen Büchern oder Papieren haben Sie bisher gearbeitet? Wahrscheinlich waren es nicht sehr viele. Die meisten Bücher, die wir betrachten, sind – wie dieser Text hier – im Hochformat. Auch Schulhefte sind hochformatig, ebenso wie fast alles, was uns an Blättern im Beruf, im Studium und in der Schule begegnet. Natürlich gibt es Ausnahmen, aber sie beschränken sich meist auf Bilderbücher oder Kunstbände.

Die Alltagspapiere, mit denen wir uns umgeben, sind im Regelfall weiß, Din A 4 und im Hochformat. Unser Gehirn arbeitet mit diesem Papier so gut, wie es eben mit solchem Papier arbeiten kann: Links oben mit der Schrift beginnen und rechts unten aufhören, meistens ohne Zeichnungen – eben nicht gehirngerecht gegliedert. Mit solchen Texten machen wir uns zu «Gehirnbesitzern und nicht zu Gehirnbenutzern» (Vera Birkenbihl).

Legen Sie das Blatt quer! Schauen Sie in den Spiegel, dann sehen Sie sofort, dass Ihre Augen quer liegen. Querformate, die Sie betrachten, kommen dem natürlichen Format Ihrer Augen entgegen. Beobachten Sie einmal Kinder beim Zeichnen: Bei einem Blatt im Hochformat ist der Platz an den Seiten zu gering, und oben und unten bleibt meistens eine leere Fläche übrig.

Wenn Sie das Blatt quer legen und Ihren Blickwinkel ändern, signalisieren Sie Ihrem Gehirn außerdem: «Aha, da ist etwas anders als sonst!» Nun haben Sie für Ihre normale Augenausrichtung genügend Fläche, um Dinge übergreifend wahrnehmen zu können. Legen Sie also das Blatt quer, denn dann ergibt sich von selbst ein natürlicher Fluss in Ihren Mind Maps. Oder vielleicht nehmen Sie das Blatt nur deshalb quer, um so den ersten Schritt ins neue Querdenken und in die neuen Möglichkeiten Ihres Gehirns zu gehen?

Nun liegt das Blatt im Querformat vor Ihnen, vielleicht in Postkartengröße oder in jeder anderen beliebigen Größe bis hin zum großen Plakat oder Flip-Chart-Blatt. Beginnen Sie in der Mitte und schreiben oder zeichnen Sie dorthin Ihr zentrales Thema. Finden Sie für Ihr Hauptthema ein Symbol, eine Zeichnung, ein Bild: irgendetwas, mit dessen Hilfe Sie auf einen Blick erkennen, um was es sich handelt. Zeichentalent brauchen Sie nicht, es genügen auch Formen wie Kreis oder Viereck.

Setzen Sie das zentrale Thema in die Mitte!

Ein Mind Map über «Rechtliche Grundlagen» könnte zum Beispiel ein Gesetzbuch in der Mitte haben.

Wenn Sie zum Wiederholen in Geographie ein Mind Map anfertigen, kann der zentrale Begriff der Name des Landes sein, und die Landkarte bzw. die Umrisse des Landes können im Mittelpunkt des Mind Maps stehen.

Oder Sie gestalten ein Rezept als Mind Map, dann könnten Sie einen Kochtopf zeichnen.

Falls Ihnen nicht sofort eine Zeichnung oder ein Bild einfällt oder falls Sie denken, dass Ihr Zeichentalent nicht so groß ist, dann nehmen Sie zunächst eine ganz einfache Form. Wählen Sie für den Anfang z. B. einen viereckigen Kasten, ein Oval, eine Wolke, eine Sonne, ein Herz, vielleicht auch Buchstaben oder Zahlen, so groß gemalt, dass Sie noch etwas hineinschreiben können. Oder probieren Sie es ganz einfach mit einem Kreis, der das Hauptthema in der Mitte noch einmal besonders betont. Wenn Sie Lust haben, versuchen Sie die Formen dreidimensional zu zeichnen.

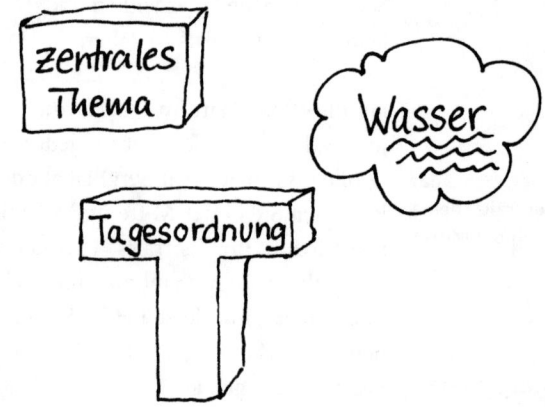

Je nach Fachgebiet fallen Ihnen vielleicht noch andere geometrische Figuren ein, die gut passen und sich leicht zeichnen lassen. Probieren Sie außerdem Möglichkeiten aus, wie Sie Ihr Zentralthema umrahmen können. Bei dem Übersichts-Mind-Map dieses Kapitels «Spielregeln» habe ich z. B. Würfel als Symbole verwendet. Wichtig bei der Wahl der Symbole oder Bilder ist nur, dass Sie, wenn Sie das Mind Map für sich selbst anfertigen, sofort erkennen, was gemeint ist.

Wenn Sie das Mind Map als Übersicht für Seminare, Workshops oder Vorträge verwenden wollen, dann allerdings sollten Symbole und Bilder allgemein verständlich gewählt werden. Denken Sie daran, dass Ihr zentrales Thema für alle lesbar sein muss: Wählen Sie eine entsprechend große Schrift und bedenken Sie, dass winzige Details in Ihrer Zeichnung eher ablenken oder von Ihren Zuhörern gar nicht wahrgenommen werden.

Drehen Sie das Blatt *nicht*! Bitte verändern Sie während des Zeichnens und Schreibens die Lage des Blattes *nicht*! Lassen Sie es immer in der gleichen Position liegen. Wenn Sie anfangen, das Blatt beim Schreiben zu drehen, dann fällt vielleicht das Schreiben leichter und Sie bringen mehr Text auf Ihrem Mind Map unter, aber wenn Sie es später betrachten, verlieren Sie viel zu viel Zeit damit, Ihr Blatt zu drehen und zu wenden, nur um die Wörter wieder lesen zu können. In Vorträgen oder Seminaren müssten Sie Ihr Übersichts-Mind-Map dann um die eigene Achse drehen – oder Ihre Zuhörer die Köpfe verdrehen lassen. Der große Vorteil des Mind Maps, auf einen Blick eine Übersicht zu bieten, fiele dann weg. Deshalb: Lassen Sie Ihr Blatt quer liegen!

3.2
Die Äste

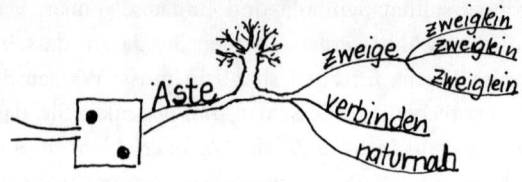

Ergehe dich des Öfteren in Wäldern statt in Büchern.
Bernhard von Clairveaux

Zeichnen Sie für die Haupt-gedanken Äste, die von der Mitte ausgehen

Zeichnen Sie nun, von Ihrem Thema im Zentrum des Mind Maps ausgehend, Äste. Diese stellen die Grobgliederung oder die Hauptpunkte dar. Um dies anschaulich zu machen, können Sie die Äste stärker oder dicker als die anderen Linien zeichnen, sie mit Mustern oder Farbe kennzeichnen.

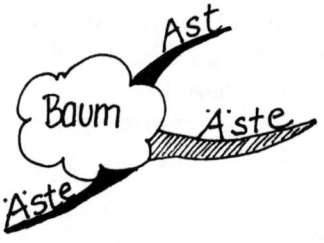

Äste werden auf diese Weise betont, um dem Auge sofort einen Blickfang zu bieten und zu zeigen, welche Hauptpunkte das Thema hat. Wie arbeiten Sie lieber: Gleich am Anfang alle Äste zeichnen und sie erst danach mit Wörtern, Symbolen oder Bildern und mit den dazugehörigen Zweigen versehen – oder erst einen Ast komplett fertig zeichnen? Probieren Sie es aus.

Halten Sie weitere Gedanken, die die Hauptpunkte differenzieren, auf Zweigen fest. Diese Zweige ermöglichen Ihnen die Feingliederung Ihres Mind Maps.

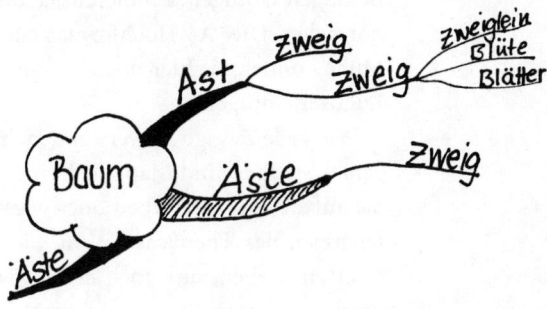

Zeichnen Sie – ausgehend von den Ästen – die Zweige, und versehen Sie diese wie zuvor die Äste mit Wörtern (die Sie auf oder unter die Zweige schreiben), Symbolen oder Zeichnungen. Natürlich können Sie auch die Zweige noch einmal in Zweiglein und diese wiederum in noch feinere Zweiglein untergliedern. Falls Sie während des Mind Mappens feststellen, dass ein Zweig doch einen Hauptgedanken enthält, dann versehen Sie einfach den Zweig mit dem Muster, der Farbe oder Strichstärke, mit der Sie sonst Ihre Äste gekennzeichnet haben. So erkennen Sie auf einen Blick den neuen Schwerpunkt in Ihrem Mind Map.

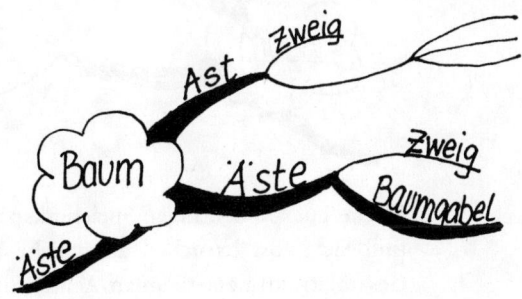

Wenn Sie Mind Maps für Seminare oder Besprechungen vorbereiten, dann können Sie später in der Vortragssituation ohne Probleme Zweige mit ergänzenden Beiträgen einfügen. Probieren Sie das einmal mit einer normalen DIN-A4-Hochformat-Gliederung: Nur mit Mühe können Sie hier noch Gedanken und Ideen Ihrer Zuhörer einfügen.

Wie viele Zweige Sie verwenden, hängt davon ab, wie genau Sie Ihr Mind Map gliedern wollen, wie viel Platz Sie auf Ihrem Blatt haben oder wie verzweigt und umfangreich das Thema ist. Wenn Sie aber anfangen, Ihr Blatt zu drehen, um noch einen Zweig oder noch ein Zweiglein unterzubringen, dann sollten Sie zu diesem Ast ein eigenes Mind Map erstellen.

Verbinden Sie die Linien immer miteinander

Achten Sie bitte darauf, dass zwischen den Linien der Äste und Zweige keine Lücken bleiben. Verbinden Sie die Äste immer mit dem zentralen Thema in der Mitte sowie die Zweige mit den Ästen. Denn was passiert, wenn Sie einen Zweig nicht verbinden? Die Zwischenräume, diese Abstände zwischen Zweigen und Ästen, müssen im Gehirn genauso mitgespeichert werden wie jedes Wort oder Bild.

Solche Lücken benötigen Speicherkapazität im Gehirn, und Sie selbst brauchen zusätzliche Energie, um die Gesamtstruktur zu erkennen. Achten Sie deshalb darauf, dass alle Linien miteinander verbunden sind. Dann ergibt sich aus Ihrem Mind Map eine organische Struktur naturnaher Linien: Beim Baum in der Natur hängt der Zweig ja auch nicht in der Luft, sondern ist fest mit dem Ast verbunden.

Noch ein paar Anregungen zum Ästezeichnen: Es gibt mehrere Möglichkeiten, vom Hauptthema in der Mitte ausgehend, Äste und Zweige zu zeichnen. Ich zeichne sie gerne mit Strukturen, mit Schwüngen und Rundungen. Versuchen Sie es mit naturnahen Linien, der natürlichen Ordnung eines Baumes mit seinen Ästen und Zweigen. Entdecken Sie beim nächsten Spaziergang diese Gliederungsbilder neu, vielleicht können Sie sie für Ihr Mind Map nutzen. Gehirnbenutzer sein heißt auch, sich Tipps und Tricks bei der Natur abzuschauen. Meine Vorliebe für baumähnliche Formen bedeutet natürlich nicht, dass ein Mind Map nur so aussehen darf. Wenn Sie bisher Ihre Gliederungen mit sehr geraden Linien gezeichnet haben, dann erstellen Sie auch Ihr Mind Map mit geraden Linien. Es gibt sowieso keine allgemein verbindlichen Mind-Map-Methoden – höchstens Empfehlungen. Einige der bekanntesten Methoden können Sie auf den folgenden Seiten vergleichen.

Versuchen Sie es mal mit naturnahen, geschwungenen Linien

Meine Lieblingstechnik ist die *Heugabel-Methode* (die Beispiele dafür finden Sie, außer an dieser Stelle, über das ganze Buch verteilt):

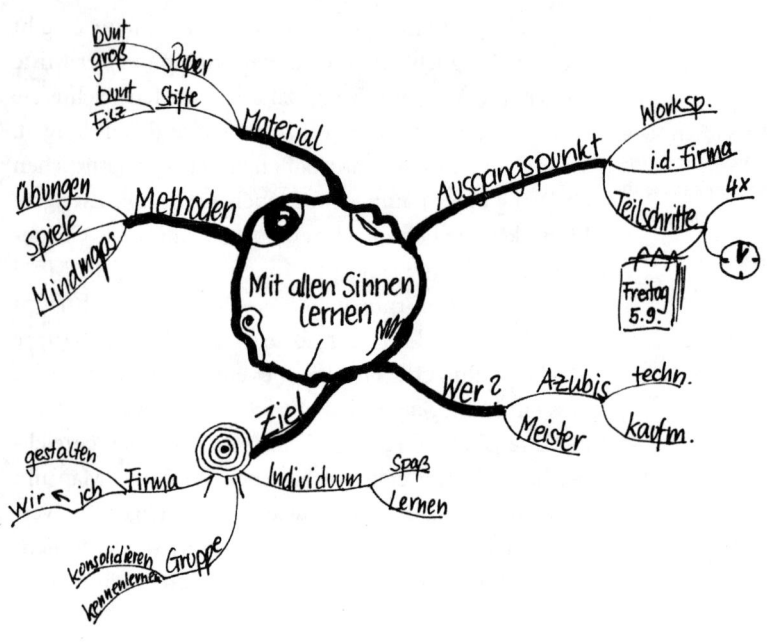

Die Heugabel-
Methode

Ein Mind Map mit der *Fischgräten-Methode* sieht ungefähr so aus:

Die Fischgräten-
Methode

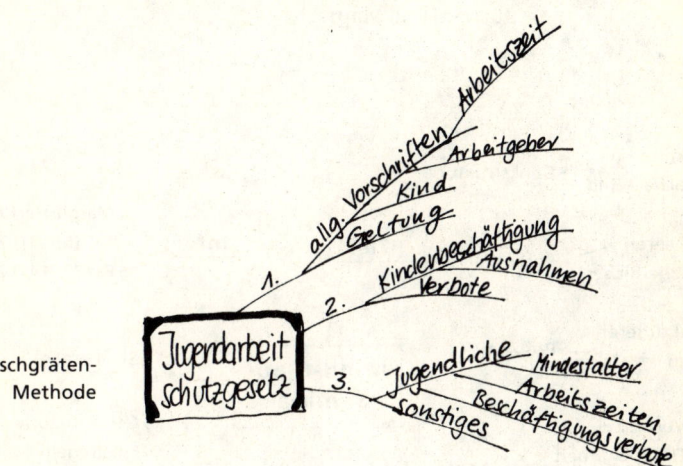

Eine Methode, die allen entgegenkommt, die sich mit den geschwungenen Linien nicht anfreunden können, ist die *Diagramm-Methode*. Inzwischen gibt es mehrere Programme, mit denen man Mind Maps auch am Computer erstellen kann. Hier mein Beispiel für so ein Computer-Mind-Map:

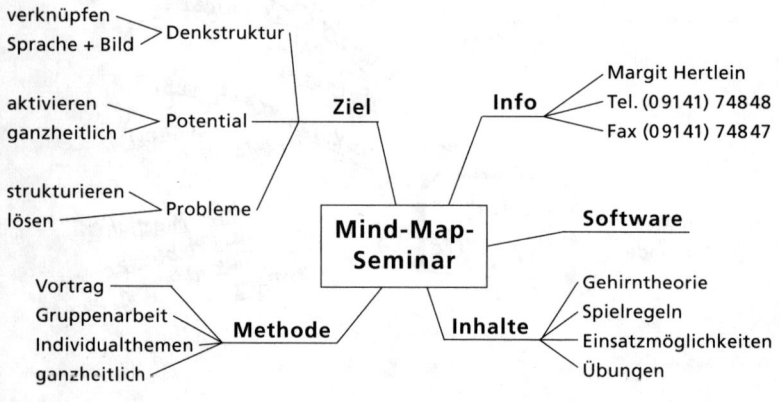

Die Diagramm-
Methode

Eine andere Methode nennt sich *Clustering,* nach dem englischen Wort «cluster», d. h. «Traube, Büschel» oder «bündeln». Beim Clustering werden die Wörter in Blasen oder Ringe geschrieben und gehen wie bei den anderen Methoden ebenfalls von einem Hauptthema in der Mitte aus. Mir persönlich gefällt diese Methode nicht so gut, da durch die Umrahmung jedes einzelnen Wortes viel Platz verloren geht und das Mind Map daher nicht so flexibel wie bei den anderen Methoden gestaltet werden kann.

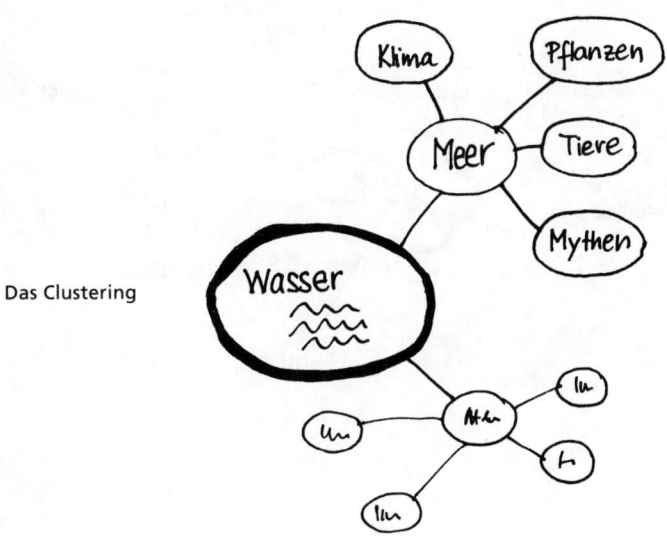

Das Clustering

Die *Sternwerfer-Methode* möchte ich nur sehr einge-
schränkt empfehlen, denn die frei schwebenden Wörter
können schlecht als zusammenhängendes Ganzes
erkannt und gespeichert werden. Außerdem sind Wörter, die eng zusammengeschrieben sind, nicht mehr gut
voneinander zu unterscheiden. Den letzten Minuspunkt
bekommt diese Methode, weil Wörtern, die zu nahe
aneinander stehen, nicht eindeutig Haupt- und Neben-
gedanken zugeordnet werden können.

Die Sternwerfer-
Methode

3.3
Die Wörter

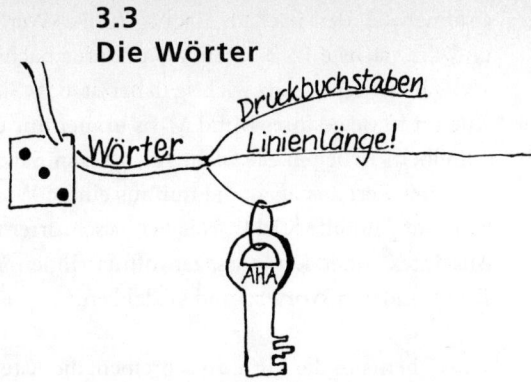

**Wörter sind die mächtigste Droge,
welche die Menschheit benutzt.**

Rudyard Kipling

Kennen Sie das Spiel, das man mit Dominosteinen spielen kann? Man baut dazu eine lange Reihe von Dominosteinen auf, die in einem solchen Abstand zueinander stehen, dass jeder Dominostein den anderen beim Umfallen berührt. Wenn alle Steine aufgerichtet sind, dann braucht man nur noch den ersten Stein anzustoßen, und die anderen fallen dann wie von selbst. So wie dieser erste Dominostein sollte – im Idealfall – Ihr Schlüsselwort auf den Ästen und Zweigen sein.

Schlüsselwörter sind Wörter, wie Überschriften in einem Buch, die Ihnen deutlich machen: «Aha, um das geht es also bei diesem Thema!» Das Assoziationspotential Ihres Gehirns, d. h. Ihre Fähigkeit, Begriffe miteinander zu verknüpfen, wird mit Schlüsselwörtern perfekt unterstützt. Diese Schlüsselwörter bewirken Folgendes: Wenn Sie sich den Hauptbegriff einprägen – im folgenden Beispiel «Werbewirksamkeit» –, fallen Ihnen beim nächsten Mal, wenn Sie Ihr Mind Map betrachten, ganz automatisch der nächste Begriff (z. B. «Werbeplan») und der nächste (z. B. «AIDA») und der nächste (z. B. «Aufgaben») ein. Ganz wichtig dabei ist, dass Sie auf die Äste und Zweige Ihres Mind Maps immer nur ein Wort schreiben! Arbeiten Sie nicht mit ganzen Sätzen, sondern mit Kernaussagen, die nur aus einem Wort bestehen. Gut gewählte Stichwörter, Schlüsselwörter mit dem Aha-Effekt oder Kernaussagen öffnen Ihnen Tür und Tor zu anderen Wörtern und Gedanken.

Schreiben Sie nur ein Wort auf die Äste und Zweige!

«Das Thema in die Mitte zu schreiben, die Äste und die Zweige zu malen, das ist einfach», höre ich von vielen Seminarteilnehmerinnen und Seminarteilnehmern, «aber welches Wort gehört denn nun auf die Äste und Zweige?» Wenn Sie ein Buchkapitel durcharbeiten sollen, wenn Sie bei einem Vortrag mitschreiben oder wenn Sie etwas organisieren müssen und dazu ein Mind Map verwenden, finden Sie die richtigen Schlüsselwörter mit Hilfe der vorgegebenen Strukturen. Und der Umgang mit Schlüsselwörtern kann geübt werden. Wenn Sie sich Texte z. B. in Schul- oder Fachbüchern durchlesen, dann werden Sie feststellen, dass jeder Text Wörter wie «und», «oder», «man» – reine Füllwörter also – enthält (auch dieser Text). Wollen Sie sich nun an diese Bücher nach dem herkömmlichen Schema «Lesen Sie sich die beiden Seiten aufmerksam durch» gut erinnern, dann müssen Sie beim lesenden Lernen auch diese Füllwörter mitspeichern. Beim Arbeiten mit Mind Maps dagegen sind die Schlüsselwörter nicht nur Schlüssel zu Ihren Erinnerungen und öffnen Ihre Gedächtnisschubladen, sie reduzieren damit auch die Stofffülle.

Schlüsselwörter reduzieren die Stofffülle

Wenn Sie ein Mind Map zum Lernen oder Erinnern erstellen, dann beginnen Sie am einfachsten damit, die Struktur zu nutzen, die in den Büchern vorgegeben ist.

Nutzen Sie die vorgegebenen Textstrukturen für Schlüsselwörter

Fast jedes Buch hat ein Inhaltsverzeichnis. Nutzen Sie einfach die angebotenen Schlüsselwörter des Inhaltsverzeichnisses, denn die Autorin oder der Autor haben ihr Thema so ja bereits in Haupt- und Unterpunkte eingeteilt. Bei Zeitungsartikeln gehen Sie auf die Suche nach fett oder kursiv gedruckten Wörtern, die das Wichtige hervorheben. Absätze sind im Normalfall ein Kennzeichen dafür, dass z. B. ein Themenblock zu Ende ist und das nächste Thema, bzw. der nächste Hauptgedanke, kommt. Sie werden sehen: Mit der Zeit bekommen Sie Übung darin, die Schlüsselwörter sofort zu erkennen.

Eine Übung:

Wenn Sie Lust dazu haben, können Sie jetzt gleich üben, ein Mind Map mit Schlüsselwörtern zu machen: Sie finden auf den nächsten Seiten einen Auszug aus einem Lehrbuch für Wirtschaftskunde zum Thema «Absatzwerbung». Legen Sie sich ein Blatt quer und versuchen Sie zu diesem Thema ein Mind Map zu zeichnen. Nutzen Sie die Schlüsselwörter, die der Buchautor vorgegeben hat. Meinen Vorschlag, wie ein Mind Map als Zusammenfassung dieses Themas aussehen könnte, finden Sie im Anschluss. Und denken Sie daran: Das *richtige* Mind Map *gibt es nicht.* Viel Spaß beim Ausprobieren!

Die wichtigsten **Grundsätze der Werbung** sind:

Wirksamkeit	Wahrheit	Wirtschaftlichkeit

▲ Die Wirksamkeit der Werbung

Jede Werbung soll *wirksam* sein, damit das beabsichtigte Ziel erreicht wird. Deshalb muss jede *Werbemaßnahme* genau *geplant* werden.

Im **Werbeplan** werden die Einzelheiten für die Durchführung der Werbung festgelegt. Im Wesentlichen wird überlegt:

wer?	▼	*Hersteller, Händler* oder *Werbeagentur*
sagt was?	▼	Inhalt der *Werbemitteilung, Werbebotschaft*
wann?	▼	*Streuzeit*; sie ist der günstigste Zeitpunkt für den Einsatz der Werbemittel
wem?	▼	*Streukreis*; dies ist der umworbene Personenkreis nach *Zielgruppen* (Einzel- oder Massenwerbung)
wo?	▼	*Streugebiet*; dies ist das Einsatzgebiet für die Werbung, im allgemeinen das Absatzgebiet; z. B. Einzelhandelsanzeige in der Lokalzeitung
wie?	▼	Einsatz der *Werbemittel*, ggf. Kombination
mit welchen finanziellen Mitteln?	▼	*Werbeetat, Werbebudget*, d. h. welche Geldmittel stehen zur Verfügung

Wesentliche **Aufgaben** der Werbung sind:

1. *Unterrichtung und Aufklärung* des Verbrauchers, um ihm einen Marktüberblick zu verschaffen. Mittel hierzu ist die informative und sachbezogene Werbung; z. B. für Rundfunkgeräte: «... Automatischer, vollelektronischer Sendersuchlauf mit Frequenzanzeige ...»
   Weniger geeignet ist die suggestive, emotionale Werbung; z. B. für Waschmittel: «Die drei schönsten Düfte dieser Welt ...»
2. *Erwerb von Vertrauensgewinn* für Waren und Dienstleistungen, um ein *Marken-image* aufzubauen. So wurde durch einprägsame Werbung erreicht, dass ein Markenimage für eine ganze Warengruppe gesetzt wird; z. B. wird Pulverkaffee oft gleich Nescafé, Colagetränk gleich Coca-Cola gesetzt.
3. *Vereinheitlichung der Nachfrage* durch Lenkung der Bedürfnisse. Durch massive Werbung für wenige Produkte wird die Nachfrage konzentriert.
4. *Wecken neuer Bedürfnisse*, z. B.: Trimm-dich-Welle führt zu erhöhtem Absatz von Heimtrainingsgeräten, Fahrrädern usw.
5. *Vermittlung psychologischer Anreize*, ein Produkt oder eine Dienstleistung zu kaufen, z. B.: «Der neue Guwo-Wohn-Katalog bringt das große Wohn-Vergnügen».

Die Werbewirksamkeit als entscheidender Faktor hängt davon ab, ob es gelingt, den Umworbenen zum *Kaufentschluss* zu veranlassen. Nach der **AIDA-Formel** läuft erfolgreiche Werbung in folgenden Stufen ab:

Attention	⟶	Aufmerksamkeit erregen
Interest	⟶	Wecken des Interesses am Produkt
Desire	⟶	Besitzwunsch
Action	⟶	Kauf

▲ Die Wahrheit der Werbung

Die Werbung sollte insbesondere der **sachlichen Unterrichtung** des Umworbenen dienen. Andererseits wird oft versucht, durch *Illusionen* und *Assoziationen* («Mister seven – Der Duft, den Frauen männlich finden» – «Vulcano – Der Geschmack von Freiheit und Abenteuer») den Umworbenen zum Kauf zu beeinflussen. Der Käufer spricht vielfach auf eine Mischung von Sachinformation und Scheinwelt an.

Allerdings darf die Werbung keine unwahren Behauptungen aufstellen, da ein getäuschter und verärgerter Kunde nicht nur nicht mehr kauft, sondern auch andere veranlasst, vom Kauf abzusehen. Die Gefahr, dass ein Kunde sich getäuscht fühlt, ist auch gegeben, wenn Superlative oder Übertreibungen verwendet werden.

▲ Die Wirtschaftlichkeit der Werbung

Zur Beurteilung, ob Werbung wirtschaftlich ist, müssen *Werbeaufwand* und *Werbeerfolg* zueinander in Beziehung gesetzt werden. Dies ist jedoch nur theoretisch möglich, da am Markt gleichzeitig viele andere Faktoren, z. B. Verhalten der Konkurrenz, Kaufkraftveränderungen, das Käuferverhalten beeinflussen.

Auch ist die Beurteilung zwangsläufig unterschiedlich, je nachdem, ob mit der Werbemaßnahme eine *Absatzsteigerung* oder eine *Preiserhöhung* – bei ggf. gleicher Menge – erreicht oder ein *Absatzrückgang* aufgefangen werden soll.

aus: Gönner/Lind: Allgemeine Wirtschaftslehre, S. 137f. © Verlag Gehlen, Bad Homburg.

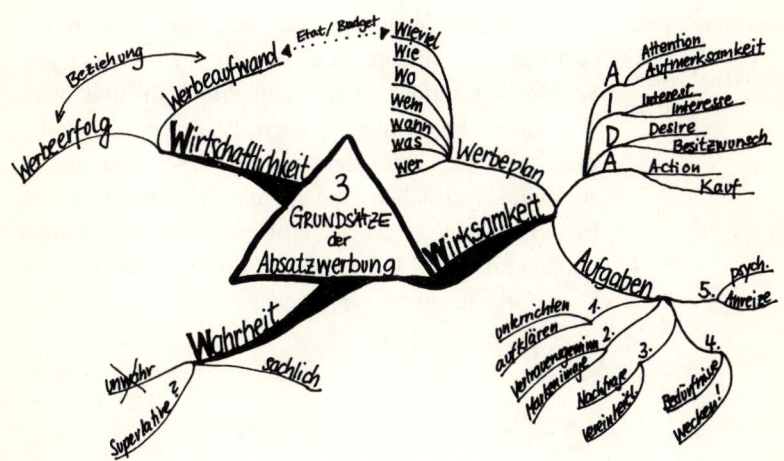

Verwenden Sie für die Schlüsselwörter Ihres Mind Maps Druckschrift. Vielleicht haben Sie schon lange nicht mehr mit Druckbuchstaben geschrieben. Dann kostet Sie das ungewohnte Schreiben am Anfang etwas Mühe und Übung, aber das Ergebnis lohnt sich, denn Ihr Mind Map wird dadurch auf einen Blick gut lesbar. Falls Sie zu dem Kreis der Leute gehören, die behaupten: «Meine Schrift kann sowieso niemand außer mir lesen», dann sollten Sie sich zumindest beim öffentlichen Einsatz von Mind Maps Schriftunterstützung holen oder Druckschrift üben. Denn leserlich in Blockbuchstaben zu schreiben und nicht *Schreibschrift* zu verwenden ist unbedingt notwendig, wenn Sie Ihr Mind Map bei Vorträgen, Besprechungen und Ähnlichem einsetzen wollen. Deshalb hier einige Tipps zum gut lesbaren Schriftbild (die natürlich auch für Ihre internen Mind Maps gelten):

Wir sind durch Zeitungen, Bücher und Plakate an verschiedene Schriftgrößen gewöhnt und erwarten ganz selbstverständlich, dass auch bei einem Vortragskonzept die Überschriften größer und deutlicher sind als die nachfolgenden Punkte. Orientieren Sie sich bei der Schriftgröße immer an der Teilnehmerzahl und Ihrer maximalen Entfernung zu den Personen. Zu große Buchstaben bei einem kleinen Kreis wirken eher albern, zu kleine Buchstaben sind für die Teilnehmer in den letzten Reihen ärgerlich. Probieren Sie die richtige Größe vorher aus. Die folgenden drei Beispiele können Sie als Anhaltspunkte verwenden.

Mind

Mind

Oberlängen {

Mind Map

Unterlängen {

Faserschreiber oder Filzstifte, die eine Schreibkante haben, eignen sich besonders gut. Halten Sie bei diesen Stiften den einmal gewählten Kantenwinkel ein und drehen Sie den Stift beim Schreiben nicht. Sie erhalten dann ein gut lesbares Schriftbild.

Groß- und Kleinbuchstaben in Druckschrift sind wesentlich besser lesbar als ein Schriftbild in Großbuchstaben, da das Auge die unterschiedlichen Längen der Buchstaben besser voneinander trennen kann. Testen Sie selbst, was Sie schneller erkennen können:

SCHRIFTPROBE

Schriftprobe

Auch Höhe und Ausprägung der Ober- und Unterlängen der Buchstaben tragen zur guten und schnellen Lesbarkeit eines Textes bei. Je länger die Ober- und Unterlängen sind, desto schlechter ist das Schriftbild zu erkennen. Denken Sie deshalb beim nächsten Mal daran, die Ober- und Unterlängen Ihrer Buchstaben klein zu halten.

Es ist wichtig, dass Sie die einzelnen Buchstaben eng zusammenschreiben, damit das Auge das Wortbild schneller wahrnimmt. Auch hier gilt: Unnötige Zwischenräume müssen Sie mitspeichern. Außerdem wird durch große Abstände das Erfassen des ganzen Wortes erschwert.

Zum Schluss noch eine Anmerkung zur Wortlänge: Versuchen Sie, Ihren Ästen und Zweigen die gleiche Länge wie dem dazugehörigen Schlüsselwort zu geben, und setzen Sie Wörter oder Symbole an den Rand. Besonders bei Mitschriften von Vorträgen ist es sehr sinnvoll, wenn Sie zunächst mit Bleistift und Radiergummi arbeiten, um die Linienlänge jederzeit anpassen zu können. Am besten zeichnen Sie am Anfang die Äste und Zweige recht kurz, schreiben dann das Wort oder zeichnen das Symbol – und wenn Sie feststellen, die Linienlänge reicht nicht aus, verlängern Sie.

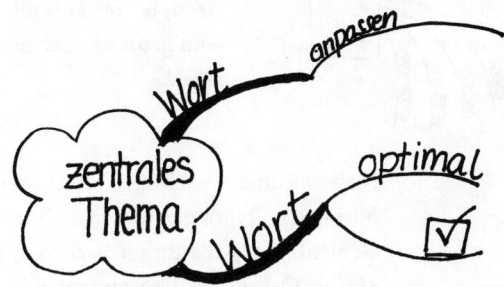

Sie können aber auch, wenn Sie Ihr Mind Map vor Publikum einsetzen, besondere Aufmerksamkeit gerade durch zu lange Äste und Zweige erzielen. Denn wenn man den Ast oder Zweig betrachtet, dann denkt man: «Da fehlt doch noch etwas, da gehört bestimmt noch etwas hin.» Indem Sie gerade nicht bis zum Rand schreiben oder Lücken lassen, können Sie während Ihres Vortrages einfügen und ergänzen – z. B. ein Symbol für «Terminvorgabe» oder die Frage: «Wer erledigt diesen Punkt?» Aber wenn nichts mehr dazukommt, sollte der Zweig oder der Ast hinter dem Wort aufhören.

3.4
Die Farben

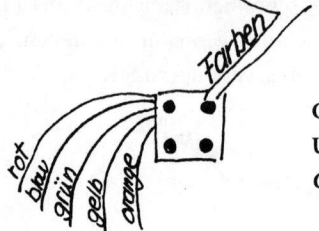

Grau, teurer Freund, ist alle Theorie.
Und grün des Lebens goldner Baum.
Goethe

Farben sind ein wichtiger Meilenstein auf dem Weg zur optimalen Nutzung des Gehirns. Denn die rechte Gehirnhälfte wird durch Farben angeregt und in ihrer «Denk-Organisation» unterstützt. Nutzen Sie die Chance, in diesem Buch – sofern es Ihnen gehört – die Mind Maps farbig auszuschmücken. Dann erleben Sie sofort den Vorteil von gehirngerechtem Arbeiten.

Farben können Themen, Ideen, Äste und Zweige Ihres Mind Maps betonen, hervorheben oder verschönern. Die ganze Natur, die uns umgibt, ist voller Farben.

Die Wirkung der Farben Längst ist nachgewiesen, dass Farben uns anregen, aufregen, besänftigen oder abkühlen können. Fast alle Menschen unseres Kulturkreises verbinden mit Farben ähnliche Gefühle. Wir assoziieren z. B. bei:

Rot «Achtung!», Gefahr, Wärme, Liebe, Leidenschaft, Feuer, Kraft

Schwarz Bedeutung, Eleganz, Stil, Abgrenzung, Seriosität, Sachlichkeit

Grün Natur, Frische, Vertrauen, Beständigkeit, Gesundheit, Jugend

Blau Kühle, Entspannung, Sauberkeit, Frieden, Sehnsucht, Phantasie

Gelb Sonne, Reife, Aufsehen, Gold, Optimismus, Licht

In einer Untersuchung des Wagner Institute for Color Research wurde festgestellt, dass die Farbe Gelb als erste verarbeitet wird. Dementsprechend sollten Sie alles, was Sie hervorheben wollen oder was als Erstes bemerkt werden soll, gelb markieren.

Heben Sie Unter-
schiede mit
Farbe hervor
Die Möglichkeiten, Mind Maps durch Farben zu strukturieren und zu beleben, sind vielfältig. So können Sie, um Äste und Zweige klar voneinander zu unterscheiden, alle Äste mit einer Farbe und die Zweige mit einer anderen Farbe versehen. Damit heben Sie die Gliederung noch deutlicher hervor. Wichtige Zweige können Sie zusätzlich mit Farben voneinander abheben, um leichter den Überblick im Mind Map zu behalten.

Verwenden Sie
den berühmten
«roten Faden»
Wenn Sie Mind Maps für Vorträge verwenden, können Sie mit Farbe die Äste kennzeichnen, die bereits abgearbeitet sind oder besprochen wurden. Der Ast, den Sie z. B. mit Schwarz vorgezeichnet haben, wird dann rot unterstrichen. Ihr Publikum kann sich an dieser farbigen Gliederung orientieren, weiß immer genau, an welcher Stelle des Vortrags man sich gerade befindet, und irrt in Gedanken nicht planlos umher. So geben Sie Ihrer Zuhörerschaft den berühmten «roten Faden» an die Hand, der durch die Gliederung führt. Alle wissen jederzeit, welche Teile noch zu erledigen sind und was Sie bereits besprochen haben.

Kreative Farb-
pause statt
Blockade!
Manchmal passiert es, dass man beim Mind Mapping, in einer kreativen Phase des Ideen-Sammelns ins Stocken kommt. Zuerst fließen die Gedanken, alles sprudelt, Sie schreiben und zeichnen – und plötzlich: ein Stopp! Sie sitzen vor Ihrem Mind Map, und Ihnen fällt nichts mehr ein. Nutzen Sie in einer solchen Situation die kreative Wirkung von Farben. Malen Sie Ihre

Äste und Zweige, die Bilder und Symbole, die Sie gezeichnet haben, farbig aus. So machen Sie aus der Blockade eine kreative, farbige Pause! Sie werden sehen: Bald sprudeln die Ideen wieder!

Markieren Sie wiederkehrende Vorgänge in derselben Farbe Wenn Sie viel mit Mind Maps arbeiten, setzen Sie Farben ein, um immer wiederkehrende Vorgänge einheitlich zu markieren. Bei größeren Mind Maps mit unterschiedlichen Aufgaben können Sie z. B. die Äste, die noch zu erledigen sind, blau anmalen. Die Äste und Zweige, die bereits erledigt sind, färben Sie grün. Sie sehen dann sofort, welche Aufgaben schon bearbeitet wurden und welche noch nicht.

Farben eignen sich auch, um die Dringlichkeit eines Hauptgedankens zu betonen. Ein roter Ast kann bedeuten: «Achtung, darum muss ich mich zuerst kümmern.» Sie können auch immer wiederkehrende Einzelheiten farbig kennzeichnen: z. B. für Literaturhinweise blaue Äste, für Zitate Äste in Neonpink, den Bereich «Sonstiges» immer als grünen Ast oder Terminvorgaben mit roten Symbolen. Ihrem Einfallsreichtum sind keine Grenzen gesetzt!

Und wenn Sie in Ihrem Mind Map Aufgaben für mehrere Personen zu verteilen haben, dann gehen Sie so vor: Jede Person erhält ihre eigene Farbe und kann sofort feststellen, für welchen Ast oder Zweig sie verantwortlich ist.

Grenzen Sie bestimmte Bereiche mit Farbe ab Um größere zusammenhängende Felder abzugrenzen, umhüllen oder schraffieren Sie den gesamten Bereich leicht mit Farbe. Dieses Hervorheben und Betonen mittels Farbe signalisiert Ihrem Gehirn sofort: «Das gehört zusammen.» Besonders wenn Ihr Mind Map sehr komplex wird, gibt Ihnen Farbe die Möglichkeit, gedankliche Einheiten auch optisch zusammenzufassen, indem Sie die Teile mit einem sogenannten «Handschuh» umhüllen, also einkreisen, und mit einem Farbstift leicht schraffieren.

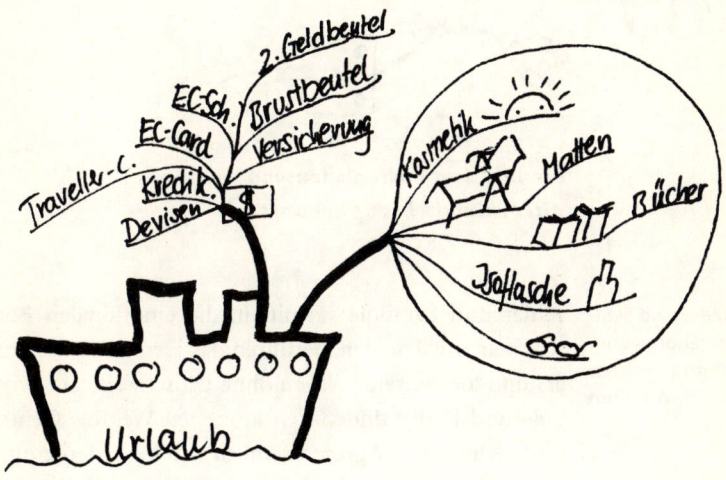

3.5
Die Bilder

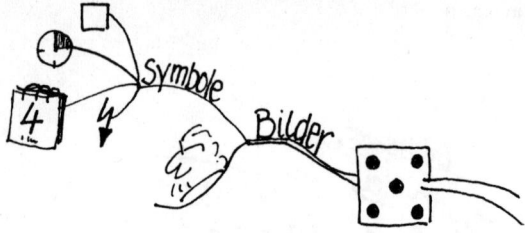

Ein Bild sagt mehr als tausend Worte.
Altes chinesisches Sprichwort

Bilder und Symbole gehören zum gehirngerechten Arbeiten

Bilder und Symbole vermitteln die emotionalen Botschaften von Themen, berühren das Herz des Zuschauers und locken seine Augen ohne Umschweife an. Symbole und Bilder finden den kürzesten Weg ins Gehirn und helfen, die Aufmerksamkeit zu fokussieren und über Begriffe nachzudenken. Mit Bildern wird die rechte Hemisphäre am deutlichsten und effektivsten einbezogen.

Das zuverlässige Speichern der Inhalte meiner Mind Maps ist durch Bilder um etliches verbessert worden. An Bilder kann ich mich sofort erinnern, und über die Erinnerung an das Bild fallen mir auch die dazugehörigen Schlüsselwörter und Gedanken rasch wieder ein. Mittlerweile macht es mir auch sehr viel Spaß, Bilder und Farben einzufügen.

Vielleicht denken Sie jetzt: «Kann ja alles stimmen, aber ich kann nicht zeichnen, geschweige denn malen!» Ich kann Sie beruhigen.

Wenn Sie noch ungeübt sind oder meinen, dass Sie nicht zeichnen können, versuchen Sie es zuerst mit

Symbolen. Der einzige Unterschied zwischen denen, die zeichnen oder Bilder malen können, und denen, die das nicht können, ist folgender: Denen, die zeichnen können, hat man schon in frühester Jugend gesagt, dass sie toll zeichnen. Der anderen Gruppe sagte man, dass sie nie und nimmer zeichnen lernen. Meine ersten Mind Maps waren zunächst von Wörtern geprägt, meine Skizzen-Mind-Maps und Mind-Map-Mitschriften sind es noch heute. Erst nach und nach kam das eine oder andere Symbol, eine Zeichnung oder ein Bild dazu.

Wenn Sie Lust haben, nehmen Sie bitte Ihren Stift und versuchen Sie, die folgenden Symbole (meine Bedeutungsvorschläge stehen daneben) nachzuzeichnen. Sie werden sehen: Es klappt einwandfrei!

 ein Kästchen mit dem Kreuz
für «erledigt»

 ein leeres Kästchen
für «noch zu erledigen»

 ein Herz
für «liegt mir besonders am Herzen»

 ein Pfeil nach oben
für «mehr»

 ein Pfeil nach unten
für «weniger»

 ein Pfeil nach rechts
für «daraus folgt»

← ein Pfeil nach links
für «bitte berücksichtigen»

⚡ ein gezackter Pfeil
für «Konflikt»

☯ das Yin-und-Yang-Zeichen
für «ausgewogen»

Σ das Summenzeichen
für «Summe bilden»

☺ der Smily
für «Zustimmung»

☹ das traurige Gesicht
für «Ablehnung»

✳ der Stern
für «brillante Idee»

? ein Fragezeichen
für «da muss ich etwas nachlesen»

! ein Ausrufezeichen
für «Achtung, wichtig»

( ) die Klammern
für «erst später bearbeiten»

der leere Kalender
für «Termin steht noch nicht fest»

der volle Kalender
für «bis zu diesem Termin zu erledigen»

die leere Uhr
für «Zeitbedarf steht noch nicht fest»

die Uhr mit einem Viertelkreis
für «Zeitbedarf eine Viertelstunde»

Musiknoten
für «mit Musik arbeiten»

eine Glühbirne
für «besondere Idee»

eine Zielscheibe
für «das soll im Ziel erreicht sein»

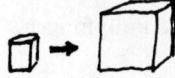
zwei unterschiedlich große Formen
für «wächst von … bis …»

ein Dollarschein
für «noch zu zahlen»

ein Kreis mit Kreuz
für «nur Frauen»

ein Kreis mit Pfeil
für «nur Männer»

ein leeres Kopf stehendes Viereck
für «wer dafür zuständig ist, steht noch nicht fest»

ein Kopf stehendes Viereck mit Buchstaben
für «zuständig ist **Andrea Baltzer**»

eine leere Sprechblase
für «Zitat dazu suchen»

Ich denke, mit diesen Beispielen für die Verwendung von Symbolen haben Sie schon eine ganze Menge Ideen für Ihre eigenen Mind Maps. Und sicher fallen Ihnen selbst sehr viel mehr Kürzel und Symbole ein, die Sie mit der Zeit in Ihre Mind Maps einbauen können.

Bilder und Farben werden im Gehirn viel nachhaltiger und länger gespeichert als Schriftzeichen. Bilder enthalten außerdem viel mehr Informationen als Wörter. Deshalb probieren Sie schon am Anfang, wenn Sie vielleicht noch kein so großes Vertrauen in Ihre zeichnerischen Fähigkeiten haben, auf jeden Fall eine Kombination von Symbolen oder Bildern mit Schlüsselwörtern aus. Schon ein oder zwei Symbole in Ihrem Mind Map bewirken mehr als die Wörter allein. Denn Bilder regen den Betrachter – Sie selbst oder auch Ihr Vortragspublikum – verstärkt zu Assoziationen und Verknüpfungen an.

Kombinieren Sie Bilder und Wörter

Verwenden Sie Legenden für Ihre Symbole und Bilder

Und damit Sie sich auch später noch daran erinnern, was Sie mit diesem Bild oder Symbol gemeint hatten, machen Sie sich für Ihre Bilder eine Legende in einer Ecke Ihres Mind Maps. Listen Sie, wie bei einer Landkarte oder wie auf den vorhergehenden Seiten zu sehen, alle Ihre Symbole auf und notieren daneben ihre jeweilige Bedeutung. So eine Legende eignet sich auch hervorragend, wenn Sie ein Mind Map für mehrere Personen erstellen. Sie können ebenso eine Legende für Personensymbole anlegen, damit alle Beteiligten wissen, wer was zu erledigen hat. Wenn Sie öfter damit arbeiten, wissen alle sofort, wer gemeint ist, wenn ein Personensymbol im Mind Map auftaucht.

Falls Sie Ihre Mind Maps bei Vorträgen, Präsentationen oder Seminaren einsetzen, sollten Ihre Bilder und Symbole nicht nur durch eine Legende «übersetzt» werden, sondern auf jeden Fall allgemein verständlich sein.

Zeichnen Sie mit
Bleistift vor oder
holen Sie sich
fachkundige Hilfe
zum Zeichnen für
«öffentliche»
Mind Maps

Denn die Teilnehmer Ihrer Präsentationen, Vorträge oder Seminare möchten die Zeichnungen ja verstehen. Wenn Sie die Symbole entwerfen, zeichnen Sie mit Bleistift vor: dann können Sie so lange ausprobieren und verändern, bis es stimmt, und dann erst mit Filzstift nachzeichnen. Vielleicht stellen Sie fest, dass es, je öfter man Symbole oder Bilder malt, plötzlich ganz einfach geht und Sie direkt mit Filzstift zeichnen können. Oder Sie holen sich Verstärkung bei einer Person, die gut zeichnen und malen kann. Vielleicht gibt es da sogar jemanden in Ihrem Freundeskreis, dem Sie im Gegenzug Mind Mapping nahe bringen können.

Nachdem Sie hoffentlich gemerkt haben, dass das Zeichnen von Symbolen gar nicht so schwer ist, versuche ich, Sie nun davon zu überzeugen, dass Sie auch Personen zeichnen können. Mich hat das Buch von Roland Bühs «Tafelzeichnen leicht gemacht» vor einem Zeichenleben nur mit diesen Strichmännchen bewahrt. Mittlerweile kann ich ganz ordentlich «Männchen malen». Und da dieses Männchen in Vorträgen, bei Seminaren und auch bei der Gestaltung von Unterlagen so gut ankommt – von den Teilnehmerinnen eines meiner Kurse wurde es «Friedrich» getauft –, möchte ich Ihnen die Gelegenheit nicht vorenthalten, in Zukunft ebenfalls Ihre Mind Maps mit einem «Friedrich» zu verschönern. Nehmen Sie dazu ein leeres Blatt und zeichnen Sie einfach die einzelnen Schritte nach. Nach spätestens zehn Übungs-«Friedrichs» sieht Ihrer sicher schon sehr gut aus.

Und los geht es

Rechtshänder
zeichnen nach links,
Linkshänder nach
rechts

Stufe 1

Köpfe sind
schwieriger zu
zeichnen als Körper.
Fangen Sie deshalb
immer mit den
schwierigen Teilen
an

Stufe 2

Stufe 3

Verstecken Sie das
Kinn unter dem
Bart. Achtung: nur
ein paar Striche für
den Bart

Stufe 4

Zeichnen Sie lie-
ber eine Brille statt
der Augen – das
erleichtert auch das
Problem mit den
Ohren, weil Sie die
gar nicht mehr
zeichnen brauchen

Stufe 5

Eine wallende
Frisur versteckt die
Kopfform

Stufe 6

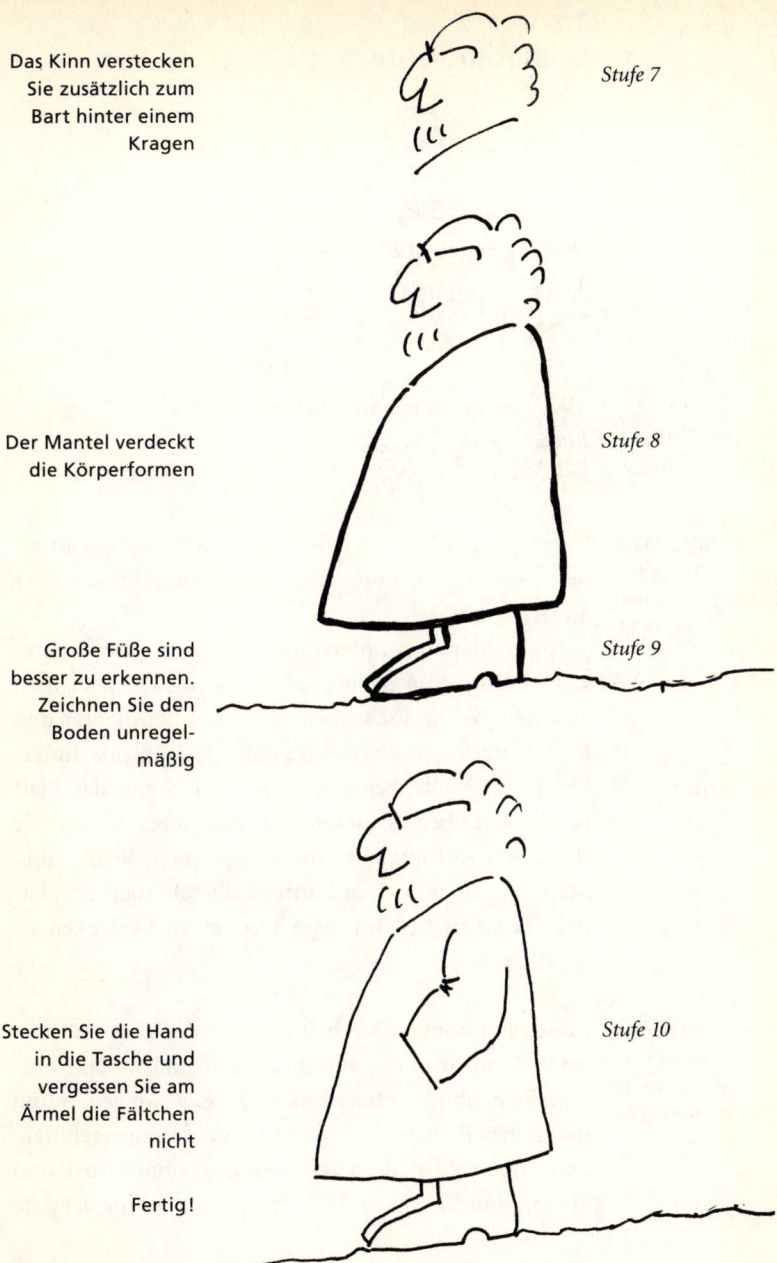

Das Kinn verstecken Sie zusätzlich zum Bart hinter einem Kragen

Stufe 7

Der Mantel verdeckt die Körperformen

Stufe 8

Große Füße sind besser zu erkennen. Zeichnen Sie den Boden unregelmäßig

Stufe 9

Stecken Sie die Hand in die Tasche und vergessen Sie am Ärmel die Fältchen nicht

Stufe 10

Fertig!

3.6
Und zum Schluss ...

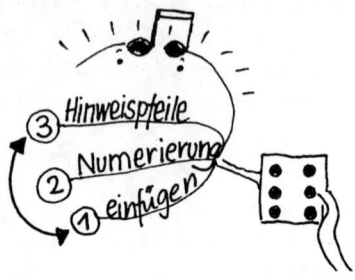

Alles Lernen ist ein Sich-Erinnern.
Plato

Bei Mind Maps
können Sie jeder-
zeit ergänzen und
einfügen

Einer der größten Vorteile des Mind Mappings ist es, dass Sie jederzeit noch etwas ergänzen, einfügen oder ändern können.

Mind Mapping unterstützt die Aktivitäten unseres Gehirns nicht nur dadurch, dass es beide Gehirnhälften anspricht, es ist auch offen für unsere Kreativität und lässt Platz für jeden Geistesblitz. Denn nichts unterbricht den Gedankenfluss so sehr, als wenn das Blatt bereits von oben bis unten voll geschrieben ist und Sie Ihre Ideen nicht mehr einfügen können. Beim Mind Map mit seiner offenen Form ist überall noch ein kleines Plätzchen frei, um eine Idee, einen Gedanken zu ergänzen.

Nummerieren Sie
Äste, wenn eine
Reihenfolge
notwendig ist

Außerdem können Sie beim Mind Mapping während eines Brainstormings alle Ihre Ideen und Einfälle aufschreiben, ohne nachdenken zu müssen, wo genau und in welcher Reihenfolge diese Ideen zusammengehören. Das Notieren der Ideen geschieht ganz ohne Druck und Stress, denn Sie wissen: Mit der Nummerierung der Äste

66

bringen Sie sehr schnell eine Struktur in Ihr Ideen-Mind-Map. Wenn Ihnen in Ihrem Mind Map eine Reihenfolge wichtig ist und Sie alle Gedanken schon vor Ihrem inneren Auge sehen, dann können Sie die Äste gleich in der richtigen Reihenfolge anordnen. Anderenfalls nummerieren Sie sie erst zum Schluss.

Ich beginne meine Mind Maps immer rechts oben bei «1.00 Uhr» und ordne die Äste dann im Uhrzeigersinn an. Da ich alle Mind Maps nach diesem Prinzip gestalte, ist für mich immer auf den ersten Blick ersichtlich, wo mein Mind Map beginnt. Wenn sich allerdings während der Arbeit herausstellt, dass die Reihenfolge geändert werden muss, dann setze ich auf die Äste die entsprechenden Ordnungszahlen in Kästchen, Kreisen oder wie bei der Gliederung zu diesem Kapitel als Würfel. Außerdem haben Sie die Möglichkeit, Äste, die zusammengehören, mit Hinweispfeilen zu verbinden. Zusätzliche Querverbindungen ergeben sich oft erst, wenn Sie schon

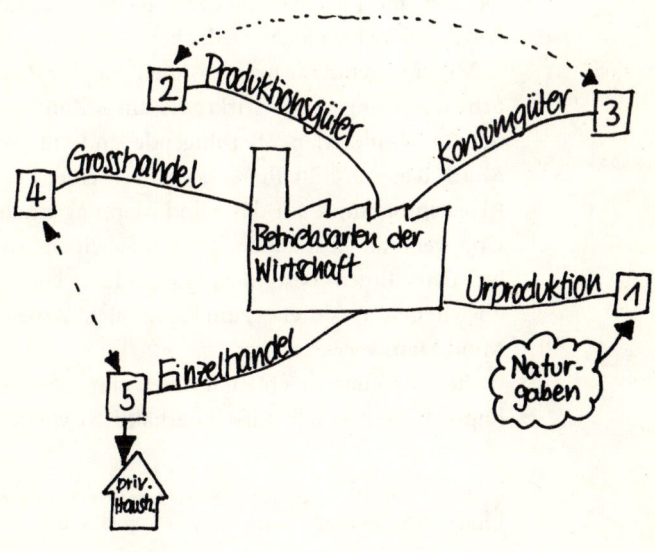

den Großteil Ihres Mind Maps fertig haben. Sie können sich dann ersparen, das gesamte Mind Map neu zu gestalten, und stattdessen mit Pfeilverbindungen arbeiten. Aber bitte gehen Sie sparsam mit Hinweispfeilen um, denn sonst leidet die Übersichtlichkeit.

Zum Schluss dieses Kapitels möchte ich Ihnen noch eine wichtige Empfehlung geben, die Sie bei Ihrer Arbeit unterstützen soll: Bringen Sie sich mit Musik in die richtige Stimmung fürs Mind Mapping. Denn Musik hat Auswirkungen auf unsere Gefühle und unser Verhalten. Musik wirkt direkt auf das limbische System des Gehirns, beeinflusst die Herzfrequenz, den Atem und den Pulsschlag und hat damit direkten Zugang zu unserem wichtigsten «Kontrollzentrum» für Gefühle. Oder wie Peter Kline formuliert: «Bei positiven Emotionen läuft die gesamte Intelligenz wie geschmiert und ist bereit, zu neuen Erfahrungen aufzubrechen. Negative Emotionen unterbrechen diesen Prozess, bremsen das Denken aus und verursachen eine Dauerzeitlupe der von Schmerz befallenen Gedanken.»[4]

Mit anregender Musik können Sie Ihr Gehirn in Schwung bringen. Sie wirkt wie ein «Muntermacher» auf Ihre Mind Maps. Beruhigende und entspannende Musik dagegen hilft Ihnen, sich nach einem gehetzten Arbeitsprogramm auf das Mind Mapping einzustellen. Und wenn Sie Lust haben, können Sie einen Musiktitel, bei dem Ihnen besonders gute Ideen einfallen, als «bewussten Auslöser» zum optimalen Arbeiten mit Mind Maps verwenden.

Zur Anregung möchte ich Ihnen einige meiner Lieblings-Musiktitel (alle auf CD erhältlich) vorstellen. Si-

4 Peter Kline: Das alltägliche Genie. Oder: Wie man sich in das Lernen (neu) verlieben kann. Paderborn 1995, S. 199.

cher finden Sie auch in Ihrer Sammlung ein paar Stücke, die sich hervorragend fürs Mind Mapping eignen.

Musikvorschläge **Entspannende Musiktitel:**
Evans Gomer, Winds of Summer
Stimmen der Stille, Gregorianische Gesänge
Relaxation&Meditation with Music&Nature
Sounds and Songs of the Humpback Whales
Georg Friedrich Händel, Wassermusik
Rainer Molzahn, Moon Dance
Pachelbel, Kanon in D-Dur
Wolfgang Amadeus Mozart, Violinkonzerte

Anregende Musiktitel:
Gloria Estefan, mi tierra
Melissa Etheridge, Melissa Etheridge
Maceo Parker, Life on Planet Groove
Get Shorty, Original MGM Motion Picture Soundtrack

4.
Was man mit Mind Mapping
alles anfangen kann:
die Einsatzmöglichkeiten

4.1 Aufbereiten von Lehr- und Lernstoff
Mit Mind Maps können Sie hervorragend Lehr- und Lernstoff aufbereiten, sich auf mündliche Prüfungen vorbereiten oder Gedichte lernen.

4.2 Organisieren
Verwenden Sie Mind Maps zur Vorbereitung und Planung Ihrer Feste, Reisen oder Termine.

4.3 Ideen sammeln
Ein Brainstorming hilft Ihnen, Ideen zu finden und festzuhalten. Dabei können Sie all Ihre Ideen in einem Mind Map notieren. Trennen Sie das Finden der Ideen von der Bewertung. Legen Sie sich außerdem ein persönliches Ideen-Mind-Map an.

4.4 Präsentieren
Präsentieren, Vortragen und Referatehalten bekommen mit Mind Mapping eine neue Qualität. Verwenden Sie bei der freien Rede kurze Sätze. Mind Maps sind Ihre Präsentationswegweiser. Nutzen Sie Lücken im Mind Map, um Ihre Zuhörer einzubinden.

4.5 Den Überblick behalten
Hier finden Sie Tipps zum Mitschreiben bei Vorträgen oder Besprechungen. Und wenn Sie Lust haben, können Sie mit Mind Maps Ihr Gedächtnis trainieren. Probieren Sie es aus. Es funktioniert!

Vielleicht ist Ihnen schon bei der Lektüre des Kapitels «Spielregeln» die eine oder andere Idee eingefallen, wo Sie in Zukunft Mind Maps einsetzen wollen. Vielleicht wissen Sie auch schon ganz genau, bei welcher Gelegenheit. Sollten Sie aber noch Anregungen brauchen, dann ist dieses Kapitel genau richtig für Sie.

In diesem Kapitel finden Sie einige ganz alltägliche Beispiele, wie Mind Maps für den Unterricht oder für Seminare aussehen können. Sie wurden in den verschiedensten Situationen von ganz unterschiedlichen Personen gezeichnet und zeigen, dass es unendlich viele Möglichkeiten gibt, ein Mind Map anzulegen. Jedes Mind Map ist unverwechselbar. Keine zwei Mind Maps sind gleich, und das ist gut so. Wichtig ist nur, dass Sie mit Mind Maps besser und effektiver arbeiten können. Denn nur das Ergebnis zählt, nicht die ordentlichen Äste oder die wunderschönen Zeichnungen.

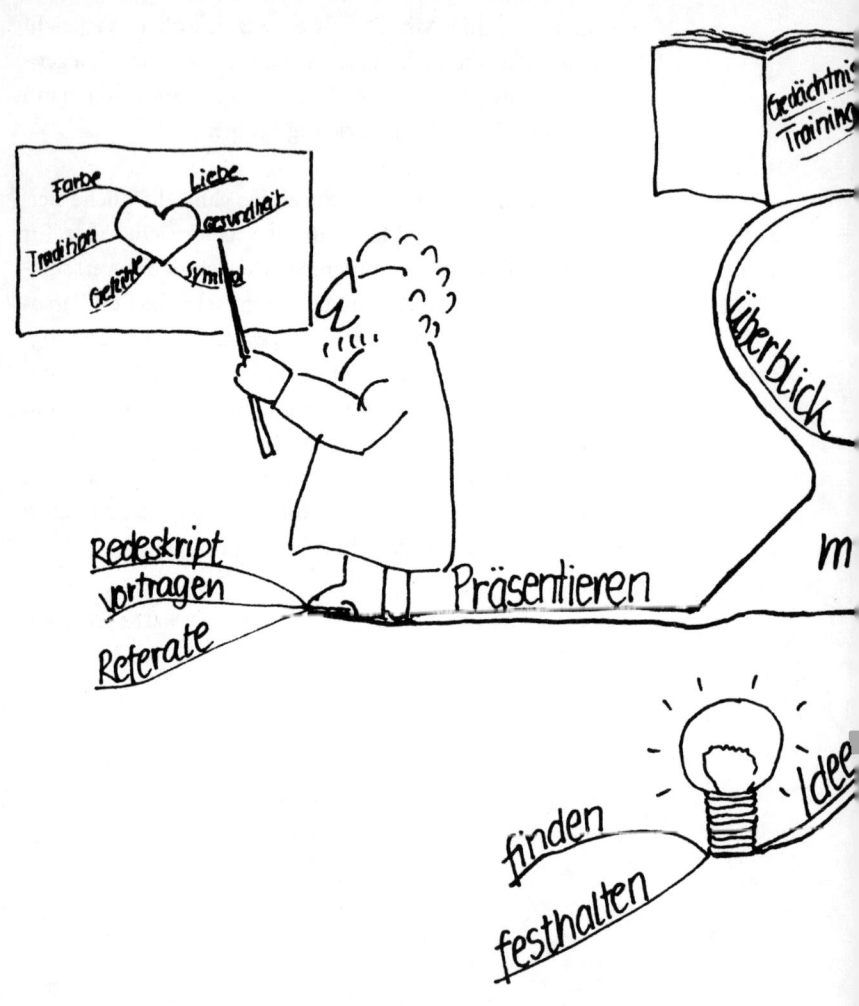

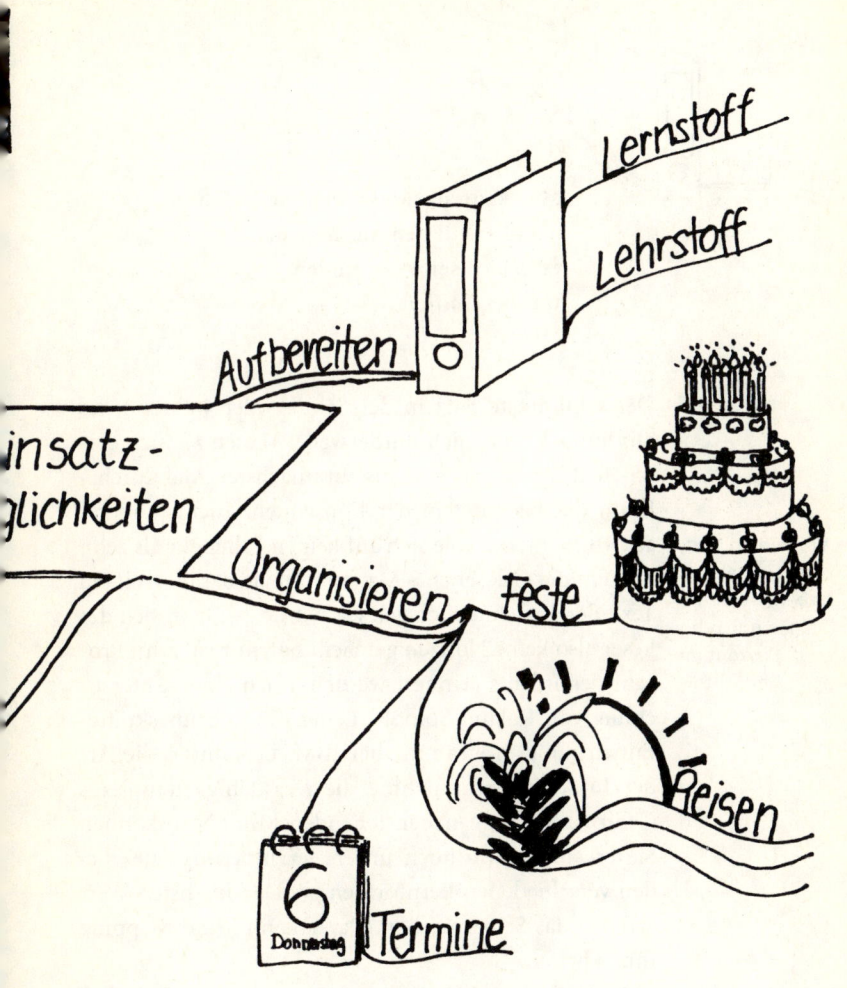

Lernstoff

Lehrstoff

Aufbereiten

insatz-
glichkeiten

Organisieren

Feste

Reisen

Termine

4.1
Aufbereiten von Lehr- und Lernstoff

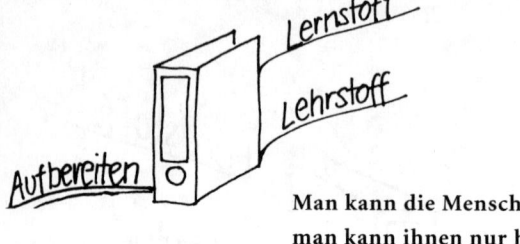

Man kann die Menschen nichts lehren,
man kann ihnen nur helfen,
es in sich selbst zu finden.
Galileo Galilei

Der schlimmste Satz in der Schule oder während des Studiums ist für mich mittlerweile: «Lesen Sie sich diesen Text bzw. diese Seite bis zum nächsten Mal durch.» Denn das bedeutet in der Konsequenz nichts anderes als: «Bitte merken Sie sich auf keinen Fall mehr als zehn Prozent des Gelesenen.» Man nimmt an, dass von einem Text, der ausschließlich gelesen wurde, bei dem sich der Leser also keine Notizen gemacht hat, nur ca. zehn Prozent des Inhalts erinnert werden. Nach einer Untersuchung von Roland Spinola, Leiter des Führungskräfte-Entwicklungsprogramms bei IBM, beeinflusst die Art der Informationsaufnahme die Merkfähigkeit unseres Gehirns: Auf dem nebenstehenden Mind Map können Sie erkennen, wie hoch unsere «Erinnerungsrate» bei den verschiedenen Lernformen ist. Den höchsten Wert erreicht das Selbermachen. Dabei kann Mind Mapping Ihnen helfen.

Von einem Text, den Sie gelesen haben, behalten Sie nur zehn Prozent im Gedächtnis

Mit Hilfe von Mind Maps können Sie den Lernstoff eigenständig durcharbeiten. Und weil Sie die Gedanken beim Mind Mapping selber noch einmal strukturieren, erhöhen Sie die Merkfähigkeit Ihres Gehirns.

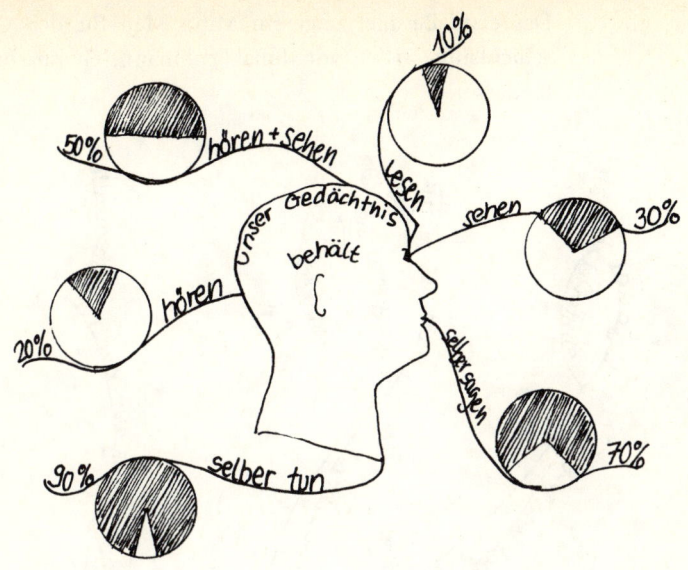

Unser Gedächtnis behält:
- lesen — 10%
- hören + sehen — 50%
- sehen — 30%
- hören — 20%
- selber sagen — 70%
- selber tun — 90%

Aufbereiten eines Textes

Wie gehen Sie nun vor, wenn Sie den kompletten Inhalt oder Teilabschnitte eines Buches lernen wollen?

Erstellen Sie aus dem Inhaltsverzeichnis ein Mind Map

- Nehmen Sie das Inhaltsverzeichnis und erstellen Sie daraus ein Mind Map. Falls kein Inhaltsverzeichnis vorhanden ist, nutzen Sie die natürliche Struktur, die der Autor des Textes gewählt hat (Überschriften, Fettdruck, Hervorhebungen durch Kursivschrift).

Legen Sie es beim Lesen daneben

- Dann legen Sie das Mind Map beim Lesen neben das Buch. So haben Sie stets eine Gliederungsübersicht zu diesem Lernstoff parat.

Halten Sie Fragen und Ideen fest

- Beim Lesen erweitern Sie das Mind Map mit zusätzlichen Schlüsselwörtern und halten Ihre Fragen oder Ideen zum Thema auf besonderen Ästen fest.

Überprüfen Sie es

- Als letzten Schritt überprüfen Sie Ihr Mind Map. Sind alle wichtigen Begriffe vorhanden? Sind überflüssige Wörter im Mind Map? Sind Bilder und Symbole zur Ergänzung der Schlüsselwörter da?

Das erste Beispiel zeigt ein Mind Map für den Geschichtsunterricht (von Julia Fruhmann, Gymnasium 8. Klasse).

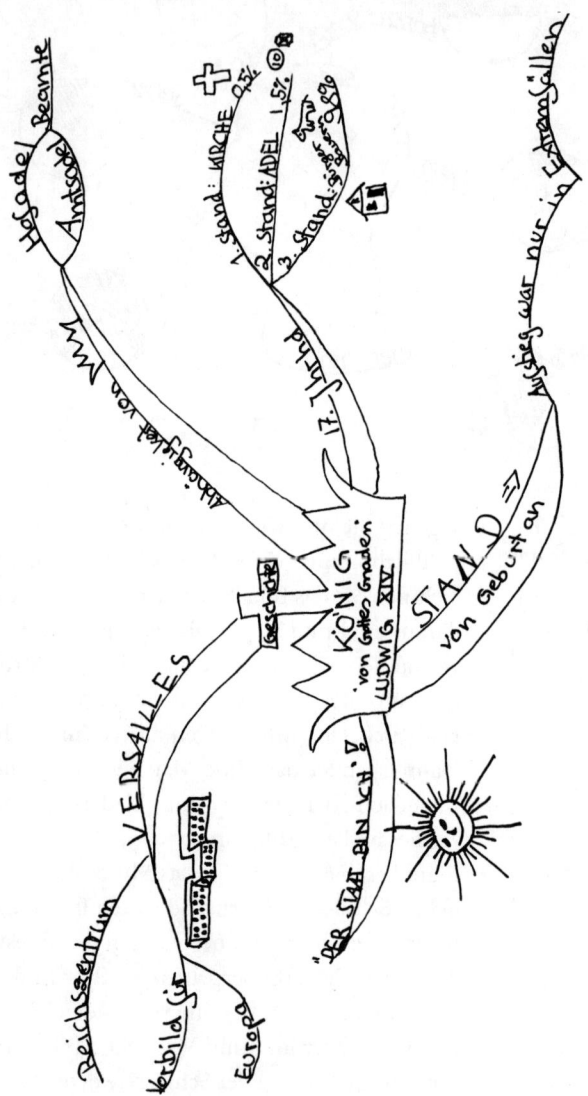

Als Nächstes sehen Sie drei verschiedene Mind Maps zum Thema «Absatzwirtschaft». Erstellt wurden sie im Wirtschaftskundeunterricht einer kaufmännischen Berufsausbildung (von Petra Moritz, Renate König und Antje Heidel).

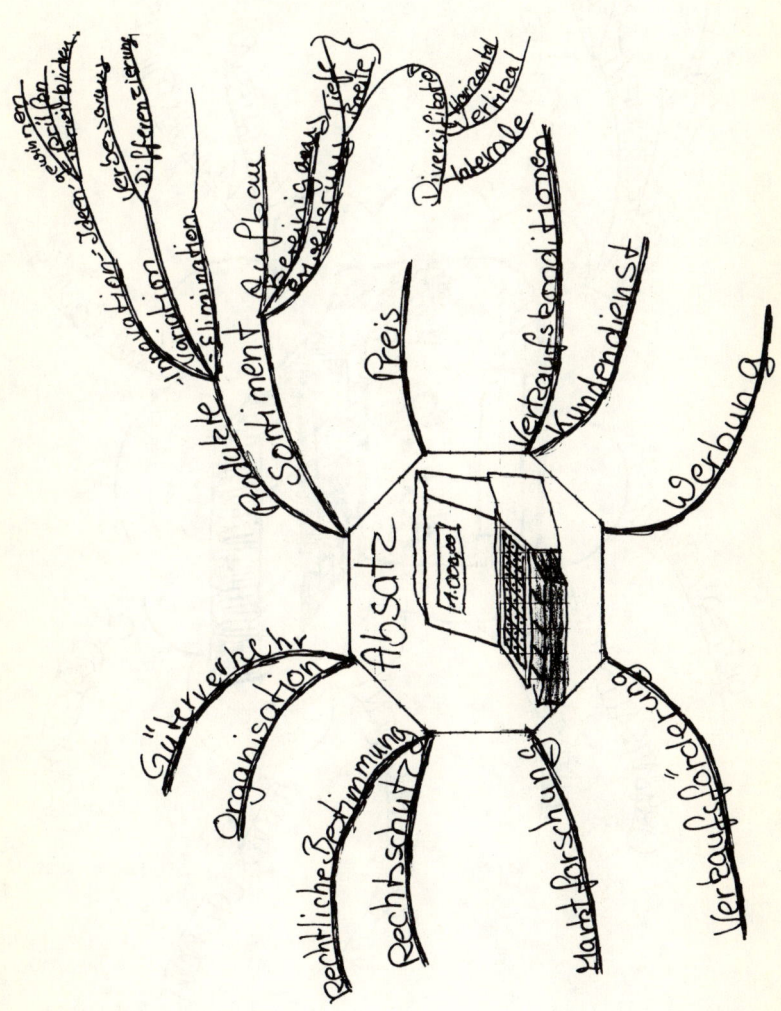

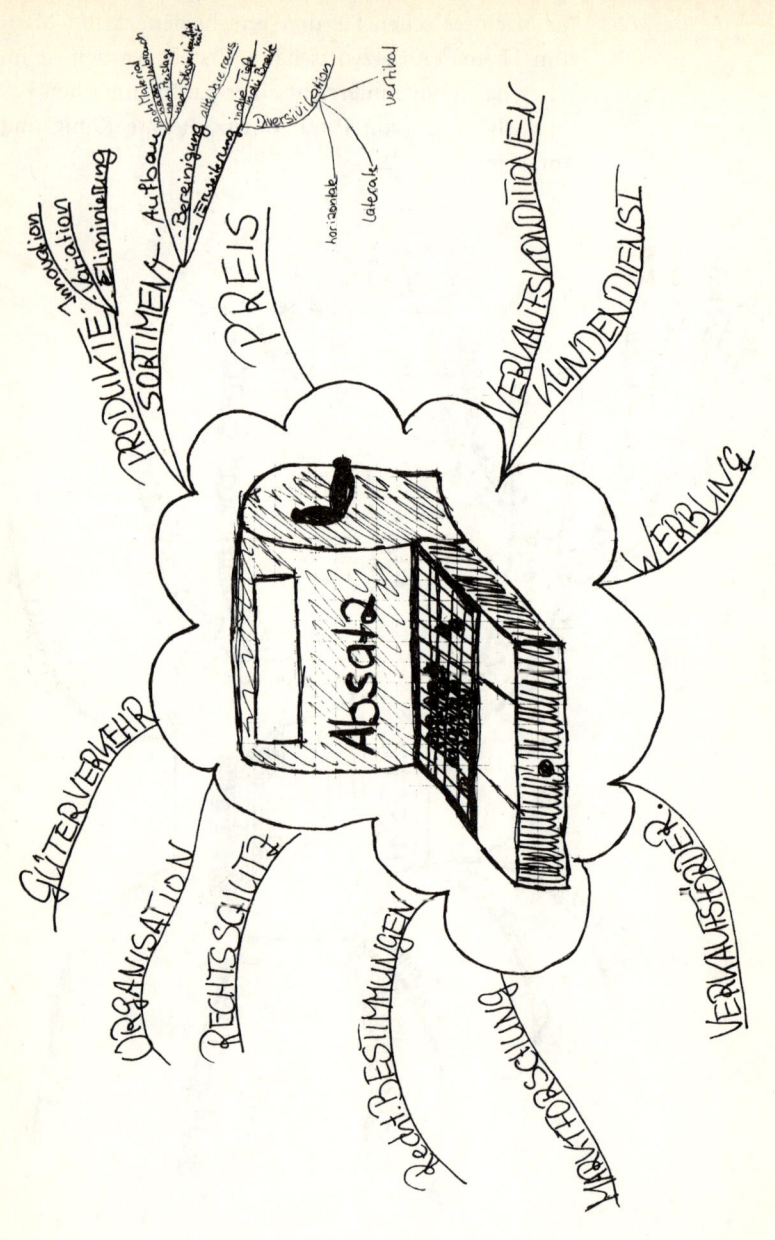

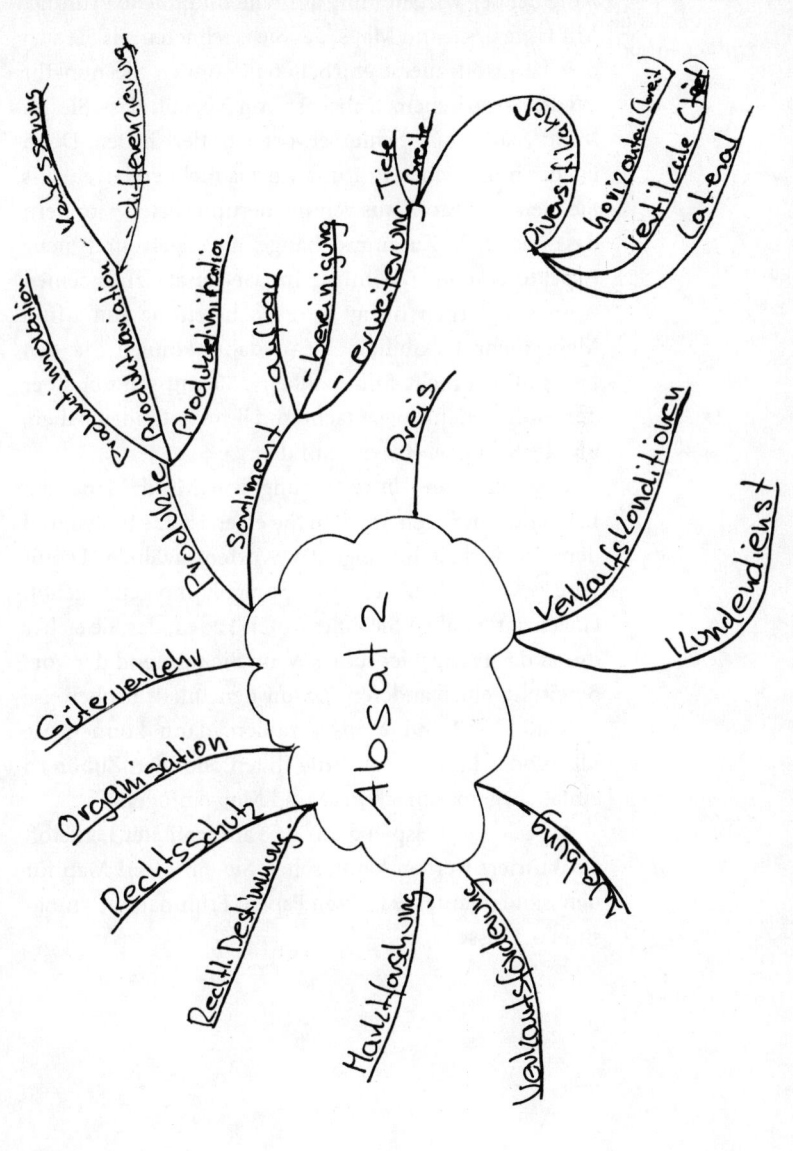

Außerdem sind Mind Maps eine großartige Unterstützung bei der Vorbereitung auf eine mündliche Prüfung. Mit Hilfe des Mind Maps, das Sie zeichneten, als Sie sich den Lernstoff zuerst erarbeiteten, können Sie nun Ihr Wissen auffrischen. Dabei ist von Vorteil, dass Sie im Mind Map «nur» Schlüsselwörter notiert haben. Denn bei der mündlichen Prüfung wird ja nicht erwartet, dass Sie den Lernstoff auswendig herunterbeten, sondern dass Sie z. B. Zusammenhänge aufzeigen und neue Aspekte erkennen können. Im Gegensatz zum reinen Auswendiglernen bringt eine Vorbereitung mit Mind Maps mehr Flexibilität. Denn dabei können Sie den Lernstoff gar nicht stur «pauken». Sie müssen sich über den Stoff Gedanken gemacht und ihn verstanden haben, um die Schlüsselwörter zu finden.

Wenn Sie mit Unterstützung von Mind Maps den Lernstoff referieren, müssen Sie eigene Sätze bilden und den Sachverhalt mit eigenen Worten erzählen. Damit wird ganz nebenbei auch Sprachkompetenz geübt. Gleichzeitig haben Sie einen roten Faden, der Sie sicher durch das Fachgebiet führt. Wenn Sie während der Vorbereitung einer anderen Person den Inhalt probeweise anhand des Mind Maps erzählen, dann können Sie Ideen oder Ergänzungen, die Ihnen oder den Zuhörern einfallen, ganz einfach ins Mind Map einfügen.

Als weiteres Beispiel dafür, wie aufbereiteter Lernstoff strukturiert werden kann, sehen Sie ein Mind Map für den Biologieunterricht (von Fabian Fruhmann, Gymnasium 5. Klasse).

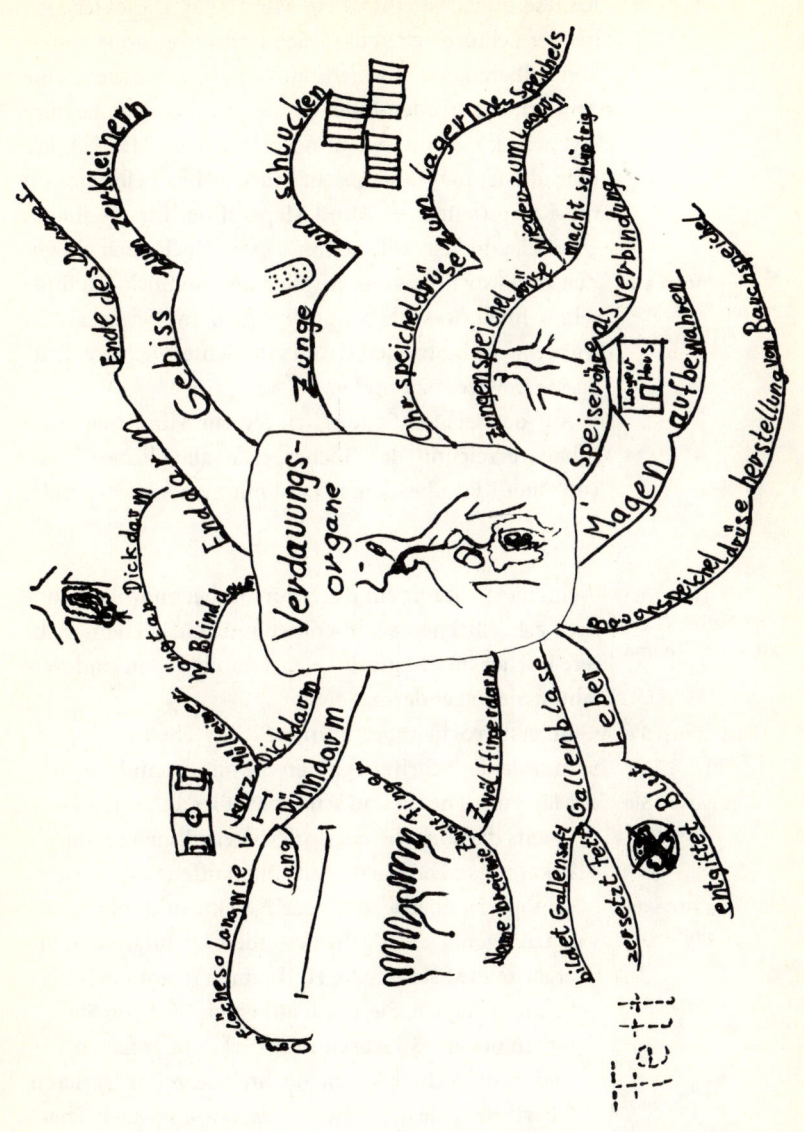

Ich mache mir mittlerweile bei allen Fachbüchern, die ich lese, zunächst einmal ein Mind Map. Dieses lege ich bei der Lektüre neben das Buch und kann dadurch stets kontrollieren, wie alles zusammengehört, sowie meine Anmerkungen oder Einfälle, die sich aus der Lektüre ergeben, im Ideenast einfügen. Wenn ich die Lektüre «Mind-Mapping-lesend» beendet habe, befestige ich mit Klebestreifen das Mind Map auf der Innenseite des Umschlagdeckels. Falls ich in diesem Buch nach einiger Zeit etwas suche, genügt wirklich nur ein Blick. Ich finde sehr schnell, was ich benötige – ganz im Gegensatz zu früher, wo ich Stunden damit zubrachte, wichtige Textpassagen wieder zu finden.

Auf der rechten Seite sehen Sie ein Mind Map zum Inhaltsverzeichnis des Buches «Das alltägliche Genie» von Peter Kline, bei dem ich fast nur Symbole verwendet habe.

Wenn Sie nicht nur ein Buch durcharbeiten wollen, sondern z. B. ein Thema aufbereiten müssen, bei dem mehrere Bücher und Manuskripte zu durchforsten sind, verfahren Sie folgendermaßen:

- Im ersten Schritt bestimmen Sie Ihr Thema.

- Im zweiten Schritt beginnen Sie mit einem Mind Map zum Thema und schreiben alles auf, was Sie bereits darüber wissen. Egal, wie viel Ihnen schon bekannt ist: Das nach allen Seiten offene Mind Map ermöglicht es, jederzeit neue Aspekte und Inhalte einzufügen. Das ist ganz besonders wichtig, wenn Sie ergänzende Sachinhalte zu Ihrem Lernstoff in Lehrbüchern suchen. Sie sehen auf einen Blick, ob Sie diesen neuen Aspekt schon berücksichtigt haben, und wenn nicht, können Sie ihn jederzeit integrieren. Überfliegen Sie die neuen Texte zunächst nach Themenschwerpunkten und Schlüsselwörtern.

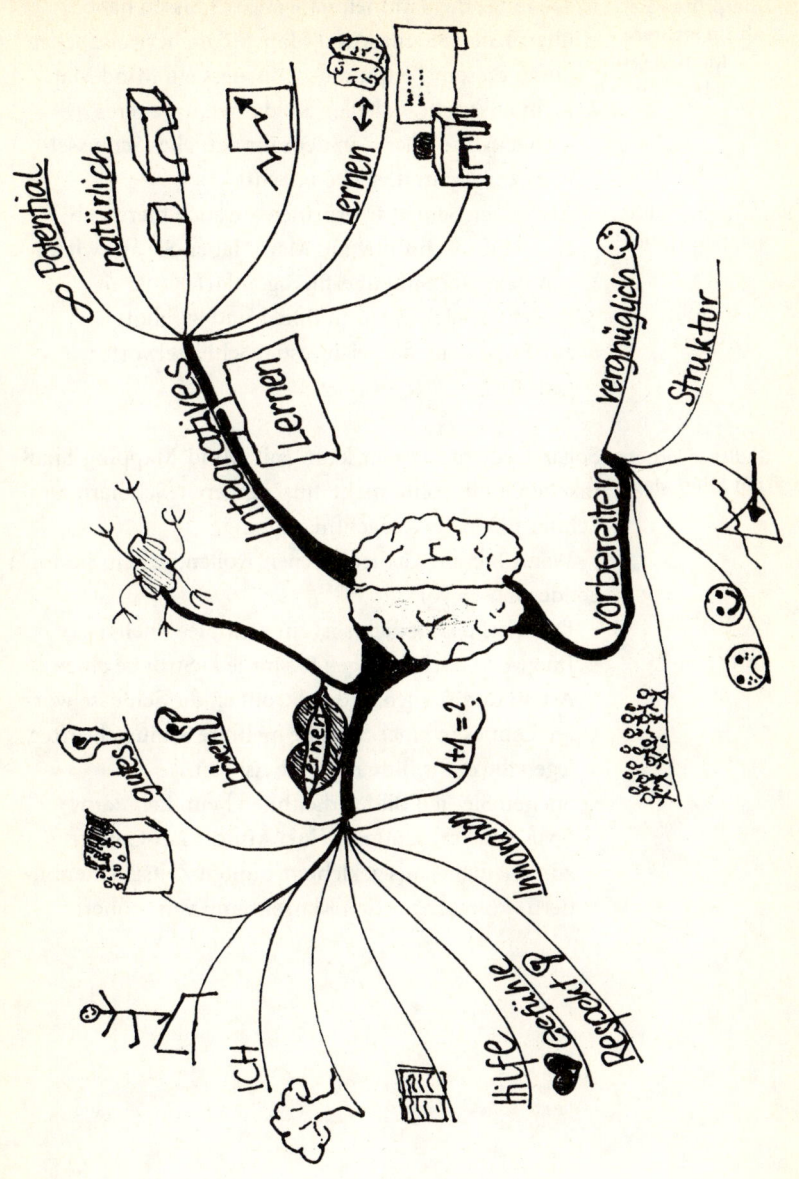

• Wenn Sie die Sammelphase abgeschlossen haben, überprüfen Sie Ihr Mind Map. Möglicherweise sehen Sie zu diesem Zeitpunkt schon, dass ein Mind Map nicht ausreicht. Erstellen Sie dann ein weiteres «Folge-Mind-Map», in dem Ihr aktuelles Schlüsselwort zum zentralen Thema wird.

• Als letzten Schritt überprüfen Sie auch hier noch einmal kritisch Ihr Mind Map. Haben Sie alle wichtigen Begriffe? Sind überflüssige Wörter auszustreichen? Haben Sie an Bilder und Symbole zur Ergänzung der wichtigsten Schlüsselwörter gedacht?

Sogar Gedichte lernen kann mit Mind Mapping Spaß machen und dient nicht nur jüngeren Schülern und Schülerinnen als Gedächtnistraining.

Wenn Sie ein Gedicht lernen wollen, gehen Sie folgendermaßen vor:

• Der Titel des Gedichts ist Ihr zentrales Thema.
• Im zweiten Schritt legen Sie für jede Strophe einen Ast an und suchen in den Strophen die Schlüsselwörter. Gibt es in einer Strophe mehrere Schlüsselwörter, legen Sie dafür bitte mehrere Äste an.
• Suchen Sie sich Bilder, die Ihnen beim Erinnern Spaß machen. Und mit einer Mind-Map-Collage zum Gedicht (aus geklebten, bunten Zeitschriftenbildern) könnten Sie den Klassenraum verschönern.

Das Beispiel zeigt die Umsetzung des Gedichts «Grüne Raketen» von Josef Guggenmos in ein Mind Map (von Fabian Fruhmann, Grundschule 4. Klasse).

Grüne Raketen
von Josef Guggenmos

Das ist unter Fröschen heute Sport:

Am Rande des Weihers sitzen sie.
Was spielen sie? Cape Kennedy.

Mit «Quak» (das heißt «Knall»)
zischen sie ab ins All.

Platsch, da sind sie wieder
gelandet im Wasser.

Sie klettern ans Ufer
und sitzen dort
und zählen wieder:
«Sieben, sechs, fünf ...»
und so fort.

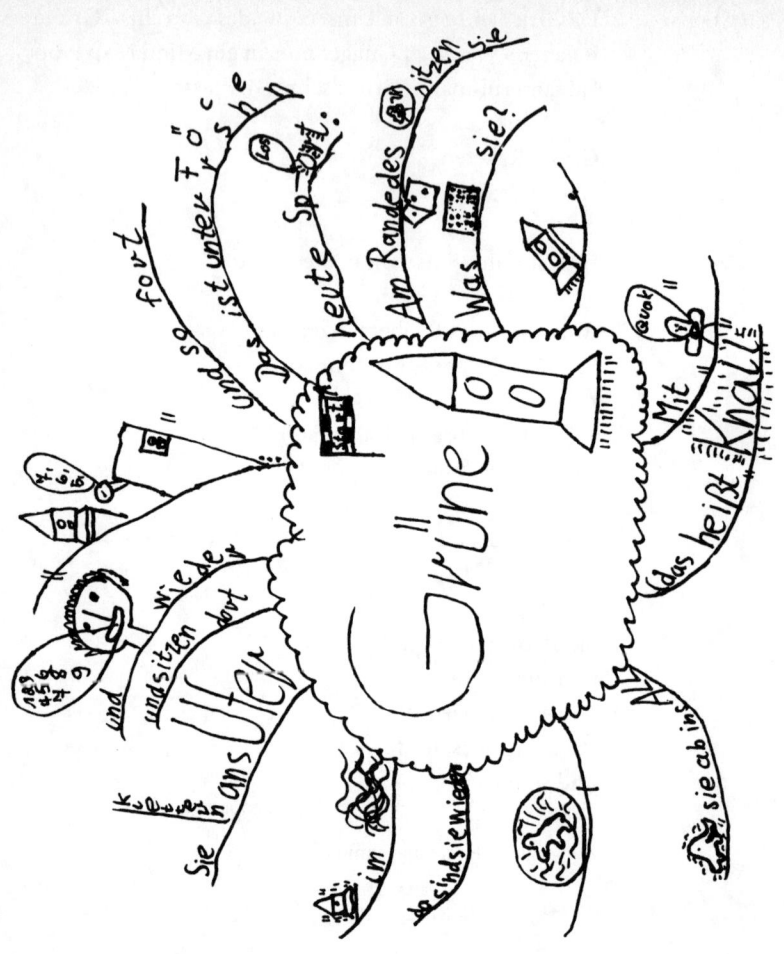

86

Vielleicht können Sie sich auf den ersten Blick gar nicht vorstellen, dass auch jüngere Kinder mit Mind Mapping so souverän umgehen. Doch in anderen Ländern ist der Einsatz von Mind Maps im Schulunterricht z. T. schon viel verbreiteter. Das illustriert ein Bericht über kanadische Schüler:

«Überall sind Schüler aktiv, man sieht sie selten einzeln agieren, außer wenn sie Ergebnisse vortragen. Immer wieder das ungewohnte Bild: Gruppen von Schülern sind über ihre Mind Maps gebeugt, ergänzen und korrigieren sich. Man spürt den Gedankensturm. Auf ihren Gedankenkarten entwerfen sie Projekte oder fassen ihre Arbeit zusammen. Die Arbeit auf Mind Maps werden wir noch in den ersten Klassen von Elementary Schools finden oder beim ‹Parents Rap›, einem morgendlichen Treffen von Eltern, oder wenn sich Lehrer zum workshop ‹Teacher as Learner› treffen. (…) Wir gehen in einen Literaturkurs. Schüler rekonstruieren die Grundzüge einer Novelle auf Mind Maps. Immer sind mehrere Schüler über ein großes Blatt gebeugt. Hier wird Schule tatsächlich zur Werkstatt. Norm Green erklärt mir, was ich hier sehe, sei genau jenes Spannungsfeld von Lernen, das das Board anstrebt. Denn nichts fördere Individualität so sehr wie die Gruppe. Tatsächlich sieht jedes Mind Map anders aus. Jede Gruppe findet andere Bilder. Man kann wohl jemandem nach dem Munde reden, aber wenn man einen Sachverhalt in Bildern, mit Wörtern, manchmal in Diagrammen darstellt, muss man die Sache noch einmal erfinden.»[5]

5 Reinhard Kahl: Problems are our Friends. In: Pädagogik, Heft 12/Dezember 1996, S. 39 ff.

4.2
Organisieren

Es gibt nur zwei Sünden:
zu wünschen, ohne zu handeln,
und zu handeln ohne Ziel.
Ayn Rand

Organisieren Sie mit Mind Maps

Müssen Sie privat oder beruflich etwas organisieren? Egal, ob es sich um ein Fest, eine Veranstaltung, eine Reise oder die Organisation Ihrer Termine handelt, versuchen Sie es das nächste Mal mit einem Mind Map. Als zentrales Thema kann die Geburtstagstorte, das Flugzeug bei den Reisen oder der Terminkalender im Mittelpunkt stehen.

Halten Sie die Schlüsselwörter allgemein

Achten Sie bei den Ästen darauf, dass Sie Schlüsselwörter finden, die allgemein genug sind. Wenn Sie ein Mind Map für ein Geburtstagsfest erstellen, dann ist das Schlüsselwort «Essen» allgemeiner als «Schweinebraten». Fallen Ihnen zum Begriff «Essen» genauso viele Varianten ein wie zum «Schweinebraten»?

Nutzen Sie das Muster-Mind-Map als Kopiervorlage

Das folgende Mind-Map-Beispiel für die Organisation eines Geburtstagsfestes hat nur Äste und keine Zweige. Das bedeutet, dass Sie dieses Mind Map gleich hier im

Buch vervollständigen oder als Kopiervorlage für Ihre nächsten Veranstaltungen verwenden können. Sie müssen dann nur noch jedes Mal die Zweige mit Ihren eigenen Daten ergänzen.

Gestalten Sie Ihr Mind Map als Einladungskarte

Sie können das Mind Map natürlich auch als «die ganz andere Art einer Einladungskarte» verwenden und direkt verschicken. Bei einem Geburtstagsfest bietet sich z. B. ein Foto des Geburtstagskindes, ein Bild von der Torte oder ein Zeitungsausschnitt als zentrales Thema an. Sie könnten aber auch eine Minischokoladentafel als süße Vorfreude in die Mitte kleben. Viel Spaß beim Gestalten!

Haben Sie die Vorbereitung eines privaten Festes schon einmal mit der ganzen Familie geplant? Mind Mapping steht Ihnen dabei sehr hilfreich zur Seite, denn alle Familienmitglieder können ihre Ideen einbringen und an der Gestaltung des Mind Maps mitarbeiten.

Bei Mind Maps, die als Organisationshilfe eingesetzt werden, ist es sehr wichtig, zusätzliche Symbole einzuführen. Diese helfen Ihnen, auf einen Blick zu erkennen, wer wann, was, wie, wo und für wie viele zu erledigen hat. Wichtig ist, dass Sie immer die gleichen Farben für Termine oder immer die gleichen Bilder und Symbole (z. B. für «erledigt») verwenden. Zusätzlich können Sie auch mit bunten Klebepunkten arbeiten. Falls Sie sehr viele Symbole und Bilder verwenden, denken Sie an die Legende am Rand des Mind Maps (siehe S. 62). Vorschläge für Symbole finden Sie ab Seite 59.

Verwenden Sie
immer die glei-
chen Symbole für
die gleichen
Dinge

Je nachdem, wie aufwendig die Organisation Ihres Festes, Ihrer Veranstaltung oder Reise ist, müssen Sie die Papiergröße auswählen. Je aufwendiger, desto größer. Wenn das erste Mind Map schon hoffnungslos überfüllt ist und Sie kein zweites verwenden wollen, dann können Sie mit angeklebten Papierbögen wieder Platz schaffen.

Wenn der Platz
knapp wird, kle-
ben Sie Papier an

Wenn das, was Sie organisieren müssen, sehr aufwendig ist und längere Zeit dauert, dann sollten Sie Zwischenstopps einlegen. Das bedeutet, dass Sie das alte Mind Map überprüfen und neu überarbeiten, damit die Übersicht gewahrt bleibt. So bekommen z. B. Themen, die im alten Mind Map nur noch Platz im Ast «Sonstiges» hatten, jetzt einen eigenen Ast. Dabei eröffnen sich meist zusätzliche Perspektiven zum gewählten Thema. Und mit etwas Routine ist so ein «neues» altes Mind Map in wenigen Minuten erstellt.

Das folgende Mind Map habe ich zum Organisieren einer Ausstellung benutzt. Einige der vorher angesprochenen Symbole erkennen Sie sicher wieder.

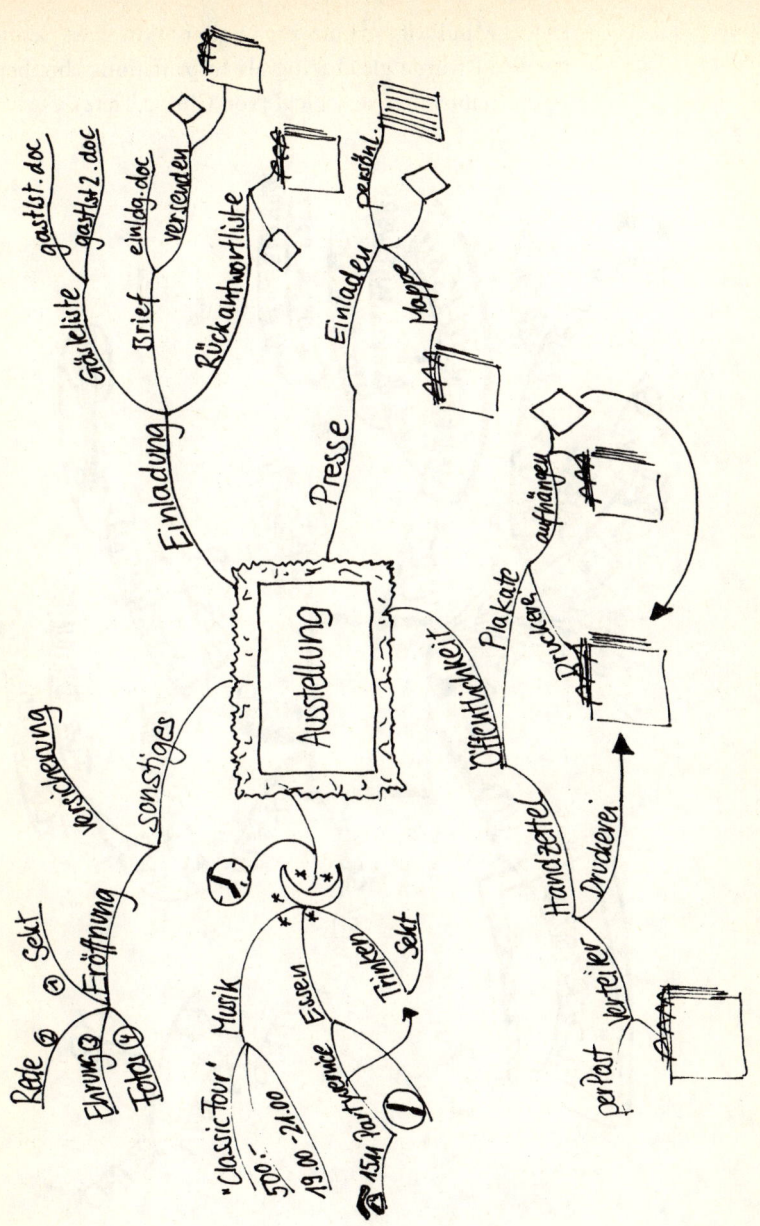

Dieses Mind Map diente zur Organisation eines Seminars und wurde gleichzeitig als Informationsschreiben an die Teilnehmer verschickt (von Christl Tietz).

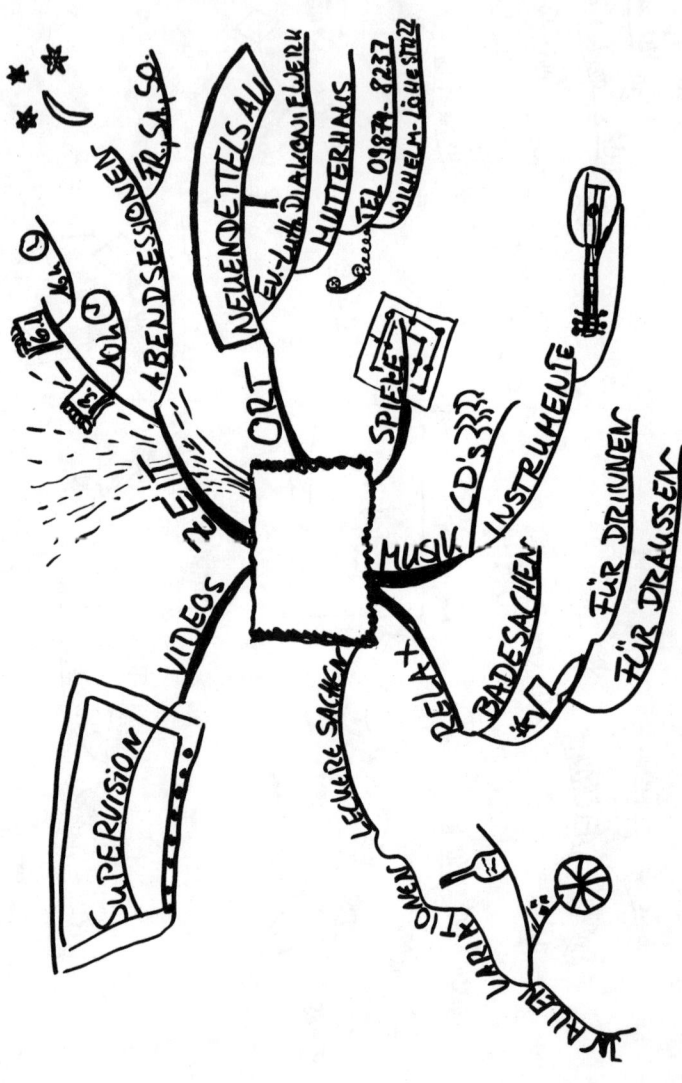

Mit Hilfe von Mind Maps kann man aber nicht nur allein effizient und mit Spaß organisieren, Mind Maps fördern auch die Teamarbeit. Alle können mitgestalten und damit das Gefühl bekommen, dies ist unser Mind Map und unser Projekt.

Und weil in unserer Gesellschaft die Unterschrift etwas Wichtiges und Bedeutendes ist, können Sie bei einem Team-Mind-Map Zweige für die Unterschriften der Teammitglieder reservieren. Die Verpflichtung, bestimmte Aufgaben zuverlässig zu erledigen, wird durch die Unterschrift viel größer.

Wenn Sie bei der Planung Ihres großen Festes, Ihrer Reise oder Ihrer Termine irgendetwas vergessen haben oder etwas Unvorhergesehenes geschieht, dann lässt sich das sofort ergänzen. Ein neuer Zweig oder ein neuer Ast werden eingefügt und mit einem Termin versehen, ohne dass ein neues Protokoll oder eine neue Aktivitätenliste geschrieben werden muss.

Ich stelle immer wieder fest, dass mir beim Überarbeiten oder Neugestalten eines Mind Maps auch neue Aspekte einfallen, die ich vorher nicht bedacht hatte. Deshalb ist das zweite Mind Map, das ich als Überarbeitung erstelle, nicht nur optisch schöner, weil es gleichmäßiger verteilt und schöner geschrieben ist, sondern auch sehr oft qualitativ besser. Ich kann beim zweiten Mal die Inhalte besser zusammenfassen, entdecke neue Schlüsselwörter und habe dadurch wieder einen besseren Überblick. Eine gut strukturierte Organisation hilft Ihnen, klare Ziele zu setzen und auch zu erreichen.

Wenn Sie eine präzise und bunte Vorstellung von Ihrem Ziel haben, dann wird Ihre Willenskraft gestärkt und Ihr Erfolg viel sicherer.

Mind Mapping ist außerdem eine ideale Methode, die alltägliche Zeit- und Aufgabenplanung zu organisieren. Denken Sie einmal kurz an die Ihnen bekannten Schreibtische. Auf fast jedem Schreibtisch finden Sie einen Terminkalender, in den Verabredungen und Aktivitäten eingetragen werden. Aber Tagesabläufe sind vielen Schwankungen unterworfen, die die schönste Planung über den Haufen werfen. Neue Ideen zu den Tagesaktivitäten oder Änderungen in der Wichtigkeit der Aufgaben können Sie nur mit viel Mühe in die ursprüngliche Planung eingliedern. Entweder lassen Sie – bei den herkömmlichen Terminplanern – genügend Platz (so genannte Pufferzeiten) frei, oder Sie versuchen es einmal mit Mind Maps. Dabei haben Sie den Vorteil, dass die wichtigste Arbeit des Tages, die durchaus nur eine Stunde in Anspruch nehmen kann, auch sofort als Aufgabe mit der Priorität A erkannt wird. Der Ast mit den Aufgaben, die die meiste Zeit beanspruchen, aber nicht so wichtig sind, kann optisch entsprechend dargestellt werden. Im normalen Terminplaner fällt leider zunächst immer der Bereich auf, der die meiste Zeit benötigt, eben weil er den meisten Platz im Kalender einnimmt.

Inzwischen bieten auch Hersteller von Zeitplanbüchern Kalendereinlagen an, auf denen man mit Hilfe von Mind Maps seine Termine planen kann. Die beiden folgenden Mind Maps zeigen eine individuell angefertigte Tagesplanung für den 11. Dezember sowie ein Mind-Map-Kalenderblatt für den 15. Januar.

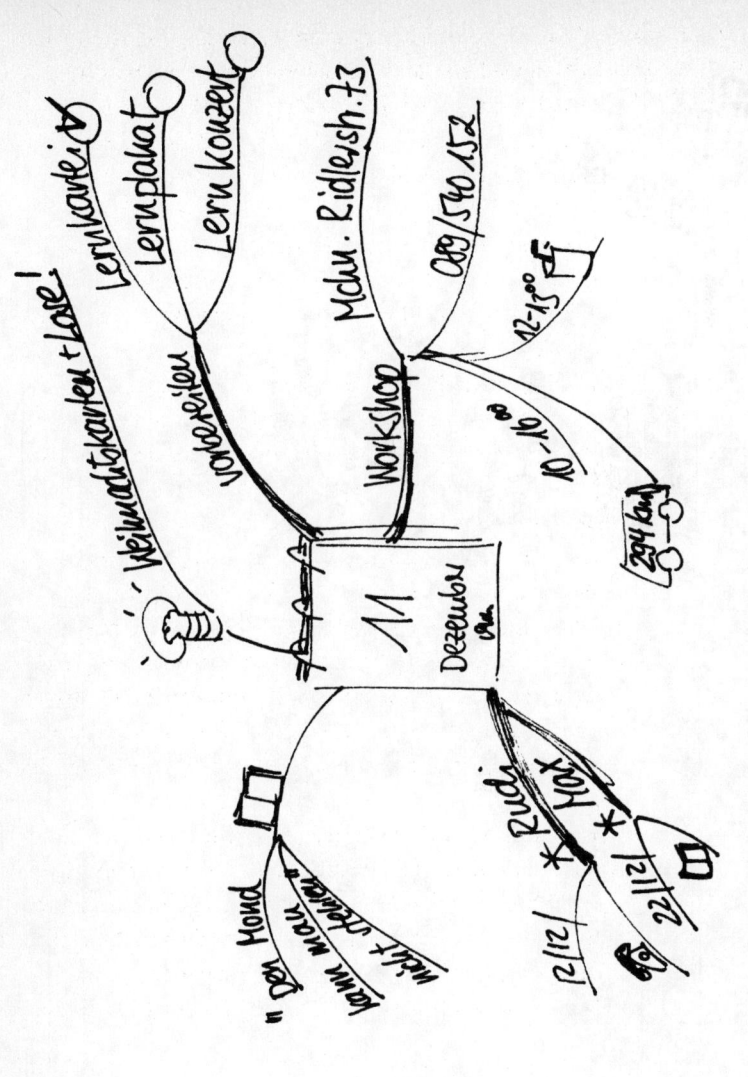

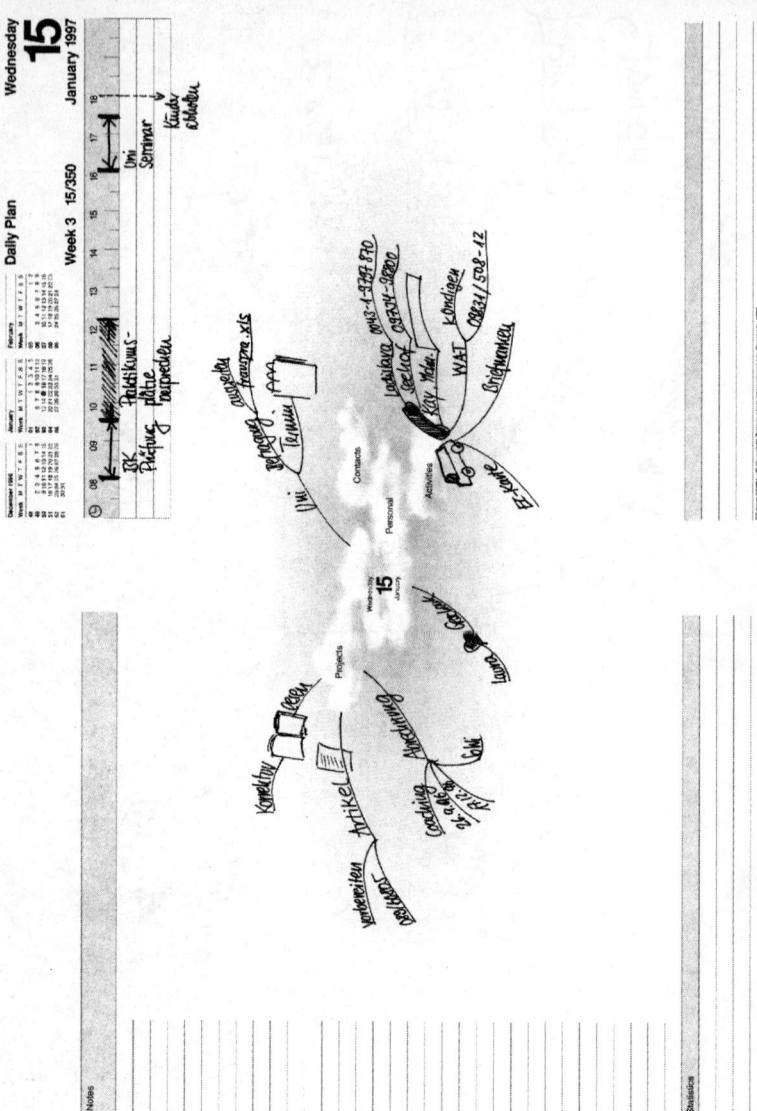

4.3
Ideen

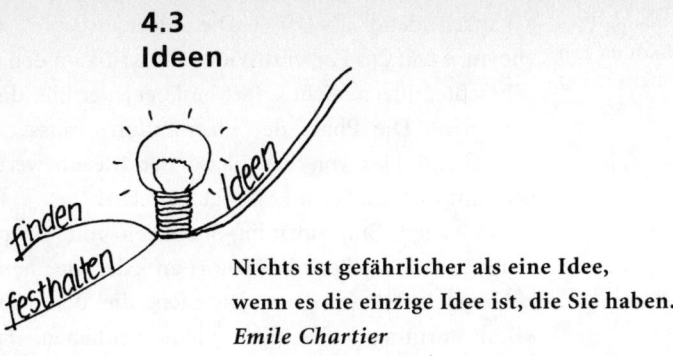

Nichts ist gefährlicher als eine Idee,
wenn es die einzige Idee ist, die Sie haben.
Emile Chartier

Mind Mapping verbindet kreatives Chaos mit Struktur

Mit Mind Mapping macht das Ideenfinden und -sammeln sehr viel mehr Spaß – und es geht auch leichter! Sie können mit Ihren Gedanken frei von einem Thema zum anderen springen und gleichzeitig in einer Struktur bleiben. Mind Mapping verbindet kreatives Chaos mit strukturierter Darstellung. Es hilft Ihnen, Ihre kreativen und analytischen Fähigkeiten zu verbinden.

Kreativität ist nichts anderes als der situative Einsatz der linken und rechten Gehirnhälfte. Das Ziel von Mind Mapping ist, beide Gehirnhälften ganzheitlich für eine kreative Arbeitstechnik einzusetzen.

Mind Maps halten den Geist frei

Die lockere Form des Mind Mappings behindert Ihren Ideenreichtum nicht, sondern hält den Geist frei. Sie können alles, woran Sie im Zusammenhang mit der Zentralidee denken, sofort festhalten. Nachdenken, Ordnen und Organisieren verschieben Sie auf einen späteren Zeitraum.

Finden Sie Ideen beim Brainstorming

Die wohl bekannteste Kreativitätstechnik zum Ideensammeln ist das so genannte Brainstorming (auf Deutsch: Gehirn- oder Gedankensturm). Ziel ist es, eine möglichst große Zahl von verschiedenen Ideen zu sammeln, aus denen man dann die besten und erfolgversprechendsten auswählen kann.

Trennen Sie
Ideenfindung von
Ideenbewertung

Entscheidend aber ist: Die Ideenausbeute steigt enorm, wenn das Für und Wider, die Kritik an den vorgebrachten Ideen, nicht sofort und bei jeder Idee diskutiert wird. Die Phase der Ideenfindung muss daher streng und klar von der Phase der Ideenbewertung getrennt werden. Leichter gesagt als getan!

Bei vielen Brainstorming-Sitzungen mit Gruppen musste ich feststellen, dass sofort an jeder Idee herumgenörgelt wird. In diesen Runden, die den Namen «Brainstorming» eigentlich nicht verdienen, fallen

Achten Sie auf
Killerphrasen

schnell Killerphrasen wie: «Das geht doch nicht! Das hatten wir schon! Das ist zu teuer! Das haben wir noch nie so gemacht!» Da dauert es dann erfahrungsgemäß nicht lange, bis den Beteiligten die Ideen ausgehen oder keiner sich traut, noch etwas Neues vorzuschlagen. Schlimmstenfalls macht sich eine fruchtlose Diskussion zur Rechtfertigung der vorgebrachten Ideen breit. Das

Kritik bleibt
draußen

Wichtigste beim Brainstorming ist daher: *Kritik bleibt draußen! Jeder darf alles sagen!*

Wenn Sie dennoch Killerphrasen hören oder Ihre eigene innere Stimme Ihnen sagt: «Das ist doch viel zu verrückt!», dann lehnen Sie sich kurz zurück und rufen Sie sich oder den anderen die Grundregeln des Brainstormings noch einmal ins Gedächtnis. Denn nur wenn diese Regeln eingehalten werden, lässt sich auch eine optimale Ideenausbeute erreichen.

Lachen ist kreativ

Zu diesen Grundregeln des Brainstormings gehört auch, dass Sie für eine *ungezwungene, ausgelassene «Blödelstimmung»* sorgen. Lachen ist kreativ. In einer lockeren Atmosphäre, in der Witze gerissen oder Wortspiele gemacht werden, ist es leichter, auch ungewöhnliche Gedanken zu entwickeln.

Eine weitere Brainstorming-Regel lautet: *Greifen Sie die Ideen der anderen Teilnehmer auf und führen Sie sie*

Knüpfen Sie an
die Ideen anderer
an; entwickeln Sie
sie weiter

weiter. Eine ausgefallene Idee allein ist vielleicht noch nichts wert. Aber wenn sie abgeändert oder weitergeführt würde, könnte sich eine neue und aufregende Problemlösung ergeben. Assoziationen durch andere Vorschläge führen in der Regel zu einer qualitativen Steigerung.

Begrenzen Sie die
Dauer der Brain-
storming-Sitzung

Begrenzen Sie die Dauer der Brainstorming-Sitzung. Sie werden erstaunt sein, wie schnell Ideen sprudeln können, wenn einfach nicht mehr Zeit zum Ideensammeln da ist. Dieses *Zeitlimit* reduziert die Gefahr des Abschweifens und bringt die Aufmerksamkeit der Teilnehmer immer wieder auf die gestellte Aufgabe zurück.

Beschränken Sie
die Gruppengröße
auf maximal 10
Personen

Beim Brainstorming in der Gruppe sollten Sie die *Gruppengröße auf maximal 10 Personen beschränken* und versuchen, Teilnehmer aus möglichst verschiedenen Fachgebieten zusammenzubringen.

Brainstorming ist nicht zwangsläufig an den Einsatz in Gruppen gebunden, sondern kann genauso gut – unter Berücksichtigung der Regeln – alleine durchgeführt werden.

Wichtig ist, dass zunächst alles unbewertet notiert wird. Beim Brainstorming ohne Mind Maps schreibt entweder jeder Teilnehmer seine Ideen auf einzelne Karten, die später an eine Pinnwand geheftet und sortiert Schreiben Sie alle
Ideen auf werden, oder ein Protokollführer notiert alle Ideen auf einem großen Blatt Papier oder an einer Tafel.

Beim Brainstorming mit Mind Maps setzen Sie wie gewohnt das Thema, zu dem Sie Ideen sammeln wollen, in die Mitte und zeichnen für jede Idee einen Ast – zunächst noch völlig ungeordnet. Wenn eine Idee weiterentwickelt wird, können Sie den weiterführenden Gedanken als Zweig an den vorhandenen Ideenast zeichnen.

An dieser Stelle ein Tipp: Ihr persönliches Ideen-Mind-Map sollten Sie immer bei sich haben (z. B. im

Terminkalender), um neue Ideen sofort festhalten zu können. Auch wenn Sie glauben, Sie können sich am Nachmittag noch an das erinnern, was Ihnen heute früh als tolle Idee durch den Kopf geschossen ist: Notieren Sie es! Nehmen Sie Ihr Mind Map und schreiben Sie Ihr Schlüsselwort gleich auf. Sie können dieses Mind Map am Abend oder zu einem späteren Zeitpunkt überarbeiten. Verlassen Sie sich nicht darauf, dass Sie sich sicher erinnern werden. Die besten Ideen sind auf diese Weise schon für immer verloren gegangen.

Legen Sie sich ein persönliches Ideen-Mind-Map zu

Aber zurück zum Brainstorming und zum Ideensammeln mit Mind Maps:

Nach der *ersten Phase des Sammelns von Ideen*, die nach meinen Erfahrungen zunächst nicht länger als 30 Minuten dauern sollte, machen Sie eine *Pause*. Trennen Sie ganz bewusst zwei Phasen voneinander: Alle wirklich kreativen Menschen haben es geschafft, Sammeln und Bewerten auseinander zu halten. Wenn Sie in einer Gruppe arbeiten, nutzen Sie diese Pause, um sich zu erfrischen. Wenn es sich um Ihr Ideen-Brainstorming handelt, dann lassen Sie das Mind Map einfach liegen und bearbeiten es am Abend oder am nächsten Tag.

Zur *Bewertung Ihrer Ideen* sollten Sie ein zweites Mind Map anlegen. So können Sie, während Sie die Tragfähigkeit Ihrer Einfälle überprüfen, den ganzen Zusammenhang ordnen und übersichtlich darstellen:

Überprüfen Sie das Thema genau
- Im ersten Schritt überprüfen Sie Ihr Thema noch einmal. Hat es sich vielleicht durch den Brainstorming-Prozess verändert?

Suchen Sie die Schlüsselwörter
- Im zweiten Schritt suchen Sie aus den Brainstorming-Begriffen die Schlüsselwörter heraus. Wenn Sie sich bei einigen Begriffen nicht sofort sicher sind, dann legen Sie auch für diese zweifelhaften Begriffe

Äste an. Sie können sie ja später noch zusammenfassen, z. B. durch Hinweispfeile.

Streichen Sie
übertragene
Begriffe

• Streichen Sie die Begriffe, die Sie in Ihr neues Mind Map übertragen haben, aus Ihrer ursprünglichen Aufzeichnung, damit Sie sofort sehen, welche Begriffe noch übrig sind und im neuen Mind Map zugeordnet werden müssen.

Überprüfen Sie
Ihre Ideen

• Überprüfen Sie Ihre Ideen auf die praktische Umsetzung hin. Achten Sie darauf, dass bestehende Lösungskriterien erfüllt werden. Nörgeln Sie freundschaftlich an Ihren Ideen herum.

Ergänzen Sie Ihre
Ursprungsideen

• Ergänzen Sie Ihre Ursprungsideen sofort mit weiterführenden Zweigen, wenn Ihnen beim Zusammenfassen noch etwas einfällt. Denn die Struktur des Mind Maps regt zu neuen Vernetzungen an.

Überprüfen Sie
noch einmal Ihr
Mind Map

• Zum Abschluss überprüfen Sie Ihr Mind Map noch einmal. Haben Sie alle wichtigen Begriffe? Haben Sie an Bilder und Symbole – z. B. den Terminkalender – gedacht, die aus dem Mind Map gleich ein Aktivitäts-Map machen?

Damit aus den vielen guten Ideen, die Sie in Ihrem Mind Map gesammelt haben, auch etwas wird, sollten Sie sich ebenso zielstrebig für die Verwirklichung Ihrer Ziele einsetzen. Und glauben Sie mir: Die Erfahrung, dass Ihre kreativen Einfälle Wirklichkeit werden können, wird Ihre Phantasie beim nächsten Brainstorming beflügeln!

Sie können Ihre Idee nicht verwirklichen, wenn Sie sich nicht energisch dafür einsetzen! Manche unserer persönlichen Ziele sind auf einer kleinen Insel gestrandet, die heißt «Eines Tages werd ich». Warten Sie nicht
Geben Sie den
Dingen einen
Anstoß
darauf, dass Ihre Idee Wirklichkeit wird. Sorgen Sie dafür, dass es geschieht. Wenn Sie singen möchten, singen Sie. Unter der Dusche. Für Ihre Freunde. Schließen

Sie sich einem Chor an. Üben Sie mit Karaoke oder Play-back-Kassetten. Aber fangen Sie an. Überlegen Sie:
• Welche drei Dinge können Sie unternehmen, um Ihr Ziel zu erreichen?

Geben Sie Entschuldigungen auf

Als der spanische Forscher Cortez in Veracruz landete, war seine erste Tat, die Schiffe zu verbrennen. Dann erklärte er seinen Männern: «Ihr könnt entweder kämpfen oder sterben.» Die dritte Möglichkeit, aufzugeben und nach Spanien zurückzukehren, war ja verbrannt. Manchmal bedarf es größerer Kreativität, die Entschuldigungen loszuwerden, die wir uns in den Weg legen, als auf die Idee zu kommen. Überlegen Sie:
• Welche drei Faktoren werden es Ihnen schwer machen, Ihr Ziel zu erreichen? Wie können Sie diese loswerden?

Zeigen Sie Ausdauer

Zwei Frösche fielen einst in einen großen Sahnetopf. Als der eine Frosch merkte, dass er in der weißen Flut nicht mehr Fuß fassen konnte, ergab er sich in sein Schicksal und ertrank. Der zweite Frosch hingegen fing an, wie wild in der Sahne um sich zu schlagen und alles Erdenkliche zu unternehmen, um sich «über Wasser» zu halten. Nach einer Weile verwandelte sein Gestrampel die Sahne in Butter und er konnte aus dem Topf springen. Übertragen Sie dieses Bild auf Ihre eigene Situation. Überlegen Sie:
• Wie hartnäckig sind Sie? Wie präzise haben Sie Ihr Zielbild vor Augen? Ehrliche Antworten auf diese Fragen und ein klar strukturiertes Mind Map werden Ihnen auf dem Weg zu Ihren Zielen sicher weiterhelfen.

4.4
Präsentieren

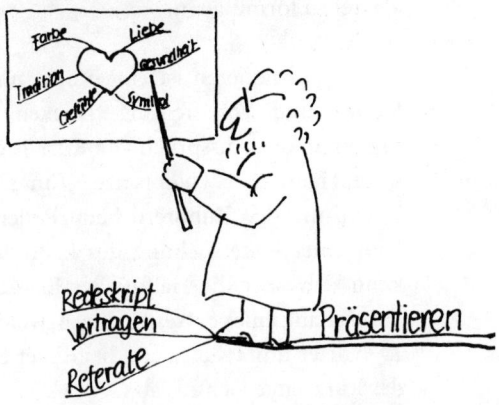

Das Gehirn ist eine großartige Sache.
Es funktioniert vom Augenblick der Geburt
bis zu dem Zeitpunkt, wo du aufstehst,
um eine Rede zu halten.
Mark Twain

Sprechen Sie frei.
Ihre Rede wird
glaubwürdiger
und interessanter
Haben Sie schon einmal einen Vortragenden erlebt, der sich – aus Angst, den Faden zu verlieren – an sein vorformuliertes Redeskript klammerte? Präsentationen, in denen viele Seiten wohlgeformter Schriftsprache eingesetzt werden, sind meist hölzern und langweilig. Wenn Sie frei formulieren, gelingt es viel leichter, das Gesprochene interessant zu gestalten. Denken Sie an die alte Vortragsweisheit: «Freies Sprechen wirkt authentisch.» Es stimmt: Wenn Sie frei sprechen, nimmt Ihnen Ihr Publikum die Aussage eher ab als bei einer vorgelesenen Rede. Ein Mind Map kann Sie bei dieser Aufgabe, frei zu formulieren, sehr gut unterstützen. Denn bei einem Mind Map gibt es keine fertigen Sätze, die Sie ablesen

könnten. Da nur Schlüsselwörter auf den Ästen und Zweigen stehen, bleibt Ihnen gar nichts anderes übrig, als frei zu formulieren.

Verwenden Sie kurze Sätze

Frei zu formulieren ist eine Kunst und braucht etwas Übung und Vorbereitung. Denken Sie beim Üben immer an den Ausspruch von Kurt Tucholsky: «Hauptsätze, Hauptsätze, Hauptsätze.» Kurze Sätze erleichtern Ihnen und den Zuhörern beim Reden den Überblick. Laut einer Untersuchung des Instituts für Kybernetik kann sich über die Hälfte aller Erwachsenen nicht an den Anfang eines Satzes erinnern, wenn dieser mehr als 13 Wörter umfasste. Schon bei dieser Satzlänge schaltet das Kurzzeitgedächtnis ab.

Die richtige Satzlänge

Die Deutsche Presse Agentur (dpa), gibt für die richtige Satzlänge zwei Empfehlungen an:

- Die Obergrenze der optimalen Verständlichkeit liegt für gesprochene Sätze bei 9 Wörtern.
- Für geschriebene Sätze liegt diese Obergrenze bei 20 bis 30 Wörtern.

Vor dem Hintergrund dieser Empfehlungen ist klar, dass bei ausformulierten Reden, selbst wenn sie durch Grafiken unterstützt werden, die Sätze für ein optimales Zuhören und vor allem für das Mitschreiben immer zu lang sind. (Dieser Satz hat 34 Wörter.)

Nutzen Sie Mind Maps als Redemanuskript

Aber zurück zum Mind Map: Welche Vorteile haben Sie davon, wenn Sie als Redemanuskript ein Mind Map verwenden?

- Es geht nichts über die freie Rede, denn sie ermöglicht es Ihnen, Blickkontakt mit den Zuhörern zu halten.
- Wenn Sie Ihre Rede oder Präsentation mit Hilfe eines Mind Maps strukturiert und geprobt haben, dann

können Sie sicher sein, dass Sie Ihr Thema beherrschen.

- Statt vieler Zettel liegt vor Ihnen nur ein Blatt, da können Sie nichts durcheinander bringen. Wenn Sie wörtlich zitieren und das Zitat nicht auswendig lernen wollen, malen Sie in Ihr Mind Map auf die entsprechenden Äste oder Zweige ein Viereck, z. B. in Grün. Ihr Zitat schreiben Sie dann auf eine grüne Karteikarte. So sehen Sie sofort, welche Karte Sie an dieser Stelle Ihres Vortrags verwenden müssen.
- Auf Ihrem Mind Map können Sie – je nach Verlauf der Präsentation – Beispiele einschieben oder Äste weglassen, ohne in Zetteln zu wühlen. Denn durch die Vorbereitung mit Hilfe Ihres Mind Maps haben Sie das Thema so gut parat, dass Sie während des Vortrags flexibel handeln können.

Mind Maps als Visualisierungshilfe Außerdem bieten Mind Maps für Präsentationen eine ebenso erfolgreiche wie zeitsparende Visualisierungsmethode, mit der Sie Informationen darstellen und bei Vorträgen, Referaten oder Sitzungen den Verlauf der Veranstaltung sichtbar machen. Sie können dafür ein fertiges Mind Map benutzen oder aber während des Vortrags anfertigen. Haben Sie die Möglichkeit, Ihr Mind Map vorzubereiten, dann zeichnen Sie mit dünnem Bleistift «unsichtbare» Linien auf dem leeren Blatt vor, die Sie dann beim Vortrag mit dickem Filzschreiber perfekt auf das Papier zaubern können. Ihr Mind Map können Sie z. B. auf handelsüblichem Flipchartpapier (100 x 70 cm) oder Pinnwandpackpapier (140 x 120 cm) erstellen. Nutzen Sie Mind-Map-geeignete Flipcharts, Stell- oder Pinnwände, Plantafeln oder ganz einfach die Zimmerwände zum Präsentieren Ihres Mind Maps.

Auf diese Weise werden aus bloßen Zuhörern auch Zuschauer. Diese erkennen jederzeit, an welcher Stelle

Mind Maps als Präsentationswegweiser

der Gliederung Sie sich befinden. Mind Maps, die zur Gliederung einer Präsentation eingesetzt werden, haben den gleichen Effekt wie die Wegweiser mit dem roten Punkt: «Sie befinden sich hier.» Wenn Sie ein Mind Map bei solchen Gelegenheiten einsetzen möchten, achten Sie bitte auf Klarheit und gute Lesbarkeit der Schlüsselwörter (siehe S. 45 ff.).

Das folgende Beispiel zeigt ein Mind Map, das ich als Workshopleitfaden bei einer Tagung zum Thema «Zielgruppen-Marketing für Frauen und Senioren» vor Autohändlerinnen eingesetzt habe. Die einzelnen Äste habe ich für die Tagungsunterlagen als Kapitelüberschriften verwendet – ein weiterer Wiedererkennungseffekt, wenn man zu Hause nachliest.

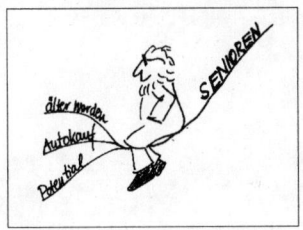

SENIOREN

1. Was bedeutet älter werden?

Gute Frage.-

Mit 40 Jahren ist man zu alt, um als Libero in der Nationalmannschaft zu spielen. Und zu jung, um für das Amt des Bundespräsidenten zu kandidieren.

Während Rubinstein mit 90 Jahren Klavierkonzerte gab, und auch Goethe und Picasso in hohem Alter noch außergewöhnliche Leistungen vollbrachten, traut sich womöglich Ihre Nachbarin mit 65 Jahren nicht mehr allein auf die Straße.

Deren ältere Schwester hingegen läßt sich vom hektischen Straßenverkehr kaum aus der Ruhe bringen.

Auf der rechten Seite sehen Sie ein Mind Map, das
Christl Tietz für ein Motivationsseminar vorbereitet hat.
Die Teilnehmer erhielten eine Kopie im DIN-A4-For-
mat für ihre Seminarunterlagen, das Original-Mind-
Map (Flipchart-Größe) hing während des ganzen Seminars an einer Pinnwand. Außerdem wurden die einzelnen Äste als separate Mind Maps aufbereitet und ließen
noch Platz für Teilnehmernotizen (siehe Beispiel 2 für
den Ast «Konfliktmanagement» auf S. 110).

Bei diesem Seminar erhielten zudem alle Teilnehmer
zu Beginn Farbstifte – und sie haben sie auch benutzt.

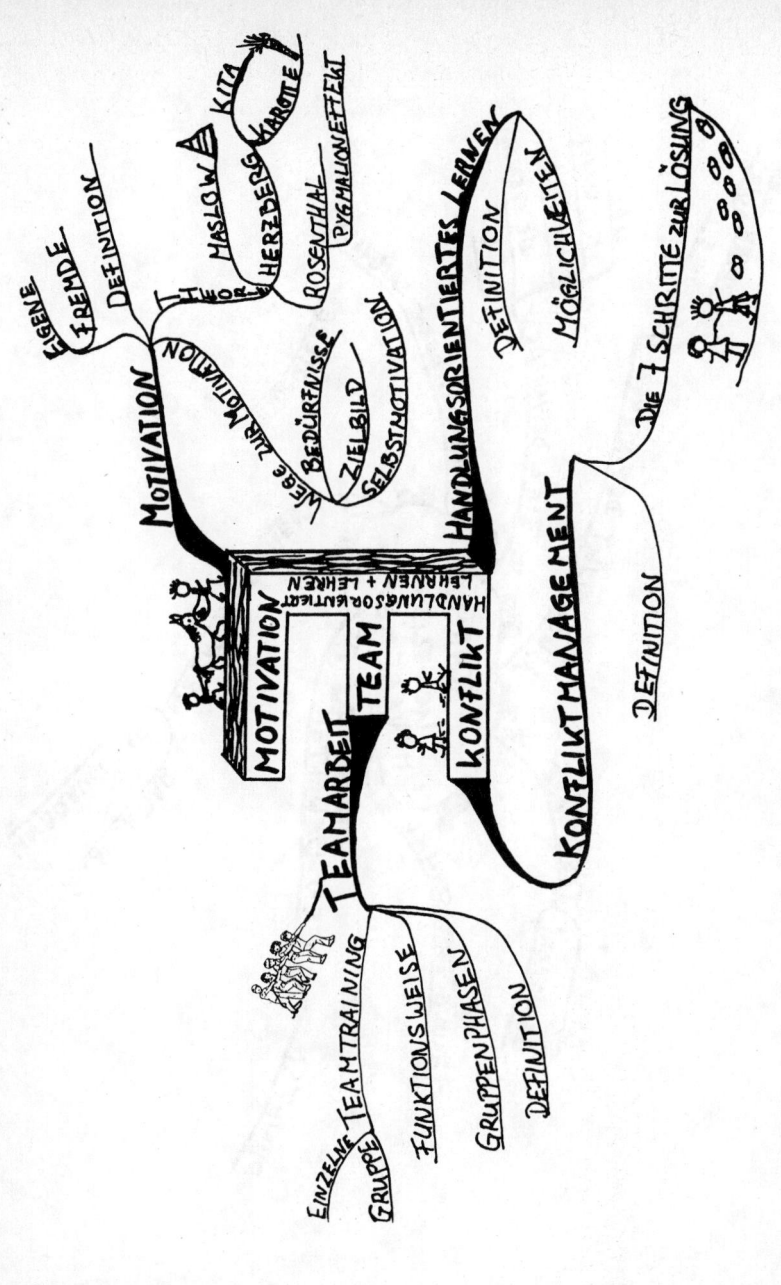

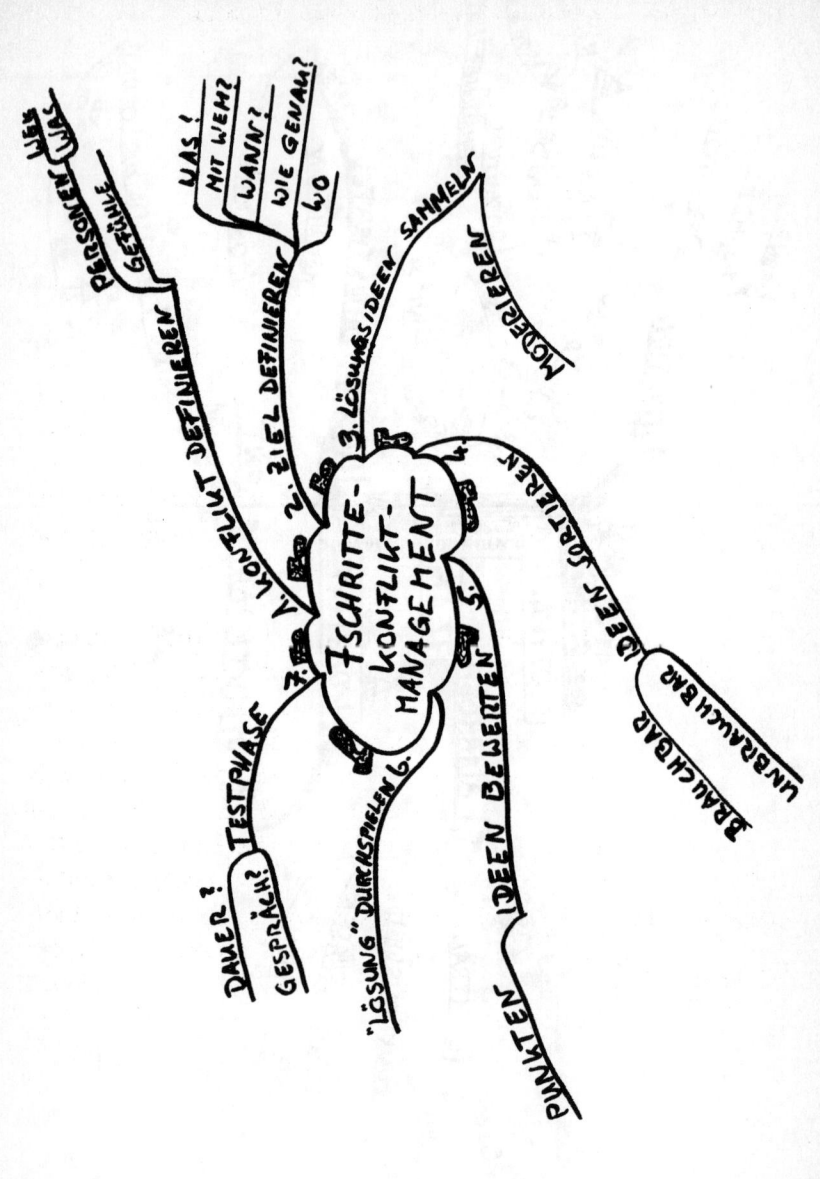

Eine einfache und sehr wirksame Methode, die Aufmerksamkeit der Zuhörer zu beleben, ist

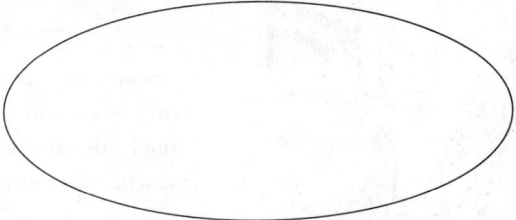

die Verwendung von Lücken und Leerräumen in einem Mind Map. Denn das «Gesetz der abgeschlossenen Form» wirkt bei jedem Menschen. Was als unvollständig erkannt wird, will man vervollständigen! Wenn Sie also leere Äste, Zweige oder Symbole verwenden, wecken Sie das Interesse. Oder haben Sie sich nicht überlegt, was wohl in das leere Oval oben hineingehört?

Gerade für die Verwendung von Mind Maps bei Präsentationen ist es wichtig, dass alle Begriffe und Bilder klar erkennbar sind. Wenn Sie anderen Menschen Ihre Ideen und Pläne präsentieren, sollten Schrift und Symbole für alle leicht verständlich sein. Wenn Sie sich das nicht zutrauen oder der Meinung sind, dass Ihre Bilder mit Sicherheit falsch verstanden werden und Anlass zu Belustigung geben, dann beschränken Sie sich auf Symbole. Sie können sich die Bilder auch von einem Profi malen lassen. Je nach Wichtigkeit des Anlasses und der Präsentation ist der Einsatz eines Grafikers bestimmt nicht zu teuer.

4.5
Den Überblick behalten

Wer ein schlechtes Gedächtnis hat,
wird nicht darum herumkommen,
seine Fehler zu wiederholen.
Indisches Sprichwort

Kennen Sie nicht auch Situationen, in denen es wichtig ist, sich ganz schnell einen Überblick zu verschaffen? Während eines Vortrags wollen Sie rasch das Wichtigste erfassen und notieren. Aus einem Text möchten Sie die entscheidenden Informationen herausziehen und für sich festhalten. Wie man Geschriebenes am einfachsten für ein Mind Map strukturiert, habe ich schon in dem Abschnitt über das Aufbereiten erläutert (siehe S. 74 ff.).

Verschaffen Sie sich durch das Mitschreiben einen Überblick

Aber wie verschaffen Sie sich während einer Präsentation oder Vorlesung sowie in einer Besprechung einen Überblick? Auch hier bieten Mind Maps eine sichere Methode, mitzuschreiben und gleichzeitig dem Vortrag weiter folgen zu können.

Zwei Fragen sind wichtig:

1. Hat das, was Sie mitschreiben, eine Struktur?

Wie leicht Ihnen die Mitschrift in Form eines Mind Maps fällt, hängt im Wesentlichen von zwei Bedingungen ab: Zum einen kommt es darauf an, wie gut das, was Sie mitschreiben, vorstrukturiert ist. Wenn der Vortragende keine Struktur in seiner Rede hat oder bei Besprechungen der rote Faden fehlt, dann merken Sie das beim Mind Mapping sehr schnell.

2. Haben Sie Übung im Arbeiten mit Mind Maps?

Zweitens hängt es davon ab, wie viele Mind Maps Sie schon gemacht haben. Mit genügend Übung schaffen Sie es, dass aus dem unstrukturiertesten Vortrag noch ein sinnvolles Mind Map wird. Wenn Sie noch nie mit Mind Maps gearbeitet haben, dann halten Sie sich am besten an vorgegebene Strukturen, z. B. an Inhaltsverzeichnisse. Da ist der Erfolg sofort sichtbar und Sie bekommen ein Gefühl für den Aufbau eines Mind Maps.

Verwenden Sie bei Mitschriften mehrere Mind Maps

Wenn ich mir Seminarnotizen mache, verwende ich dazu mittlerweile drei Mind Maps: eines zum *Seminarinhalt*, ein zweites für *Zitate* und ein drittes Mind Map für *Ideen*, die mir während der Veranstaltung eingefallen sind. Zu Hause kommen die Zitat-Mind-Maps und die Ideen-Mind-Maps in besondere Mappen, in denen ich alle Mind Maps erst einmal sammle. Im nächsten Schritt erfasse ich dann die Zitate im PC und lasse zum Nachdenken über die Ideen erst einmal die Badewanne einlaufen.

Wenn ich an Erfahrungen anknüpfen kann, gewinne ich leichter einen Überblick

Ob neue Informationen behalten werden, hängt u. a. davon ab, wie gut diese mit dem, was bereits an Wissen gespeichert ist, verknüpft werden können. Den Überblick behalten, das bedeutet ja auch, ein bereits vorhandenes Gedankennetz mit neuen Verknüpfungen zu füllen. Je größer die Maschen in diesem Netz sind, desto leichter fällt ein wichtiges Detail zu Boden.

Wie so ein Netz geknüpft wird, erfahren Sie nun mit Hilfe eines Mind Maps und meiner absoluten Lieblingsgeschichte – frei nach «Das alltägliche Genie» von Peter Kline.[6] Diese Geschichte setze ich in Vorträgen oder Workshops immer dann ein, wenn ich die Menschen davon überzeugen möchte, dass Mind Maps auch zum Gedächtnistraining hervorragend geeignet sind.

Wollen Sie alle Planeten in der richtigen Reihenfolge

6 Vgl. Peter Kline: Das alltägliche Genie. Oder: Wie man sich in das Lernen (neu) verlieben kann, Paderborn 1995, S. 379 f.

– von der Sonne aus betrachtet – auswendig können? Dann viel Spaß beim Lesen der Geschichte und beim Betrachten des Mind Maps. Die Auflösung folgt!

Stellen Sie sich vor, Sie laufen an einem lieblichen Sommertag durch den Wald. Sie kommen auf eine Lichtung mit saftigem, grünem Gras. Von dort aus können Sie einen Waldweg gut beobachten. Und das ist wichtig, denn auf diesem Waldweg schlingert mit hohem Tempo ein funkelnagelneuer, roter, toller Mercury (ein amerikanischer Autoname; Merkur ist der sonnennächste Planet). Sie sind verblüfft, dass ein solcher Wagen hier auf diesem Waldweg fährt, und klettern auf einen Jägerstand, um ihn in dieser ungewöhnlichen Umgebung besser betrachten zu können. Von dort aus erkennen Sie auch die Fahrerin dieses Wagens: Es ist eine knapp bekleidete Frau ohne Arme. Jetzt wissen Sie, warum das Fahrzeug so schlingert. Die weltberühmte «Venus von Milo» hat nur Armstummel und muss ihren Busen zum Lenken zu Hilfe nehmen. Mühsam läuft eine andere Frau hinter dem Fahrzeug her, die Sie als die bekannte Sängerin Eartha Kitt identifizieren (der Vorname Eartha enthält das englische Wort «earth», das Erde bedeutet). Eartha zieht einen gigantischen, riesigen Mars-Riegel hinter sich her. Endlich stoppt der Mercury, Eartha nimmt auf dem Rücksitz des Wagens Platz und quetscht den Mars-Riegel neben sich. Doch bevor die beiden Frauen wieder abfahren können, fährt ein Blitz in den Mars-Riegel. Karamel zischt auf, Schokolade spritzt und die Frauen sind über und über beschmiert. Jupiter, der König der Götter, hat seinen Blitz geschleudert, um noch mitfahren zu können. Nun springt er filmreif über die geschlossene Tür auf den Beifahrersitz neben die Venus von Milo. Dann fährt der Mercury an, und während er schnell verschwindet, können Sie zum ersten Mal auch das Nummernschild sehen. Sie erkennen darauf die Buchstaben S (Saturn) – U (Uranus) – N (Neptun) (engl.: «Sun», die Sonne). Aber noch ist diese Geschichte nicht zu Ende, denn der kleine Hund Pluto (bekannt durch die Comics von Walt Disney) jagt mit ohrenbetäubendem Bellen hinter dem Auto her.

Nun betrachten Sie folgendes Mind Map:

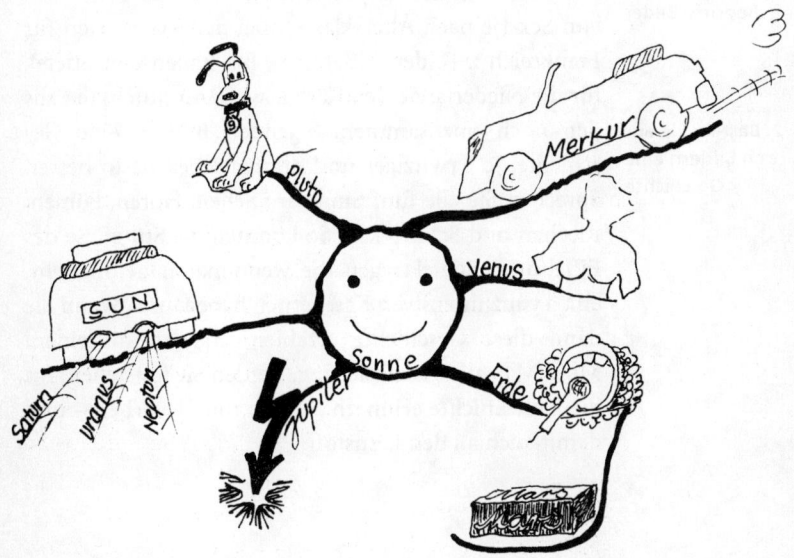

Auf diesem Mind Map sehen Sie die neun Planeten, beginnend mit Merkur, dem sonnennächsten. Gleichzeitig können Sie eine Kurzform der phantastischen Geschichte erkennen, die Sie eben gelesen haben.

Ich verwende diese Geschichte plus Mind Map im Seminar jedes Mal wieder gern. Beide zeigen ganz besonders gelungen, wie man spielerisch, mit viel Phantasie, Spaß und dem Einsatz von Mind Maps lernen kann.

Haben Sie z. B. schon einmal eine ganze Reihe von Begriffen auswendig lernen müssen? Etwa die EG-Staaten in der richtigen Reihenfolge nach Einwohnergröße? Oder vielleicht die Fressfeinde des Maulwurfs? Wenn Sie das nächste Mal vor einer solchen Aufgabe stehen, dann versuchen Sie den Lernstoff mit einer Geschichte und einem Mind Map in eine gehirngerechte Form zu brin-

gen. Suchen Sie als Erstes für die wichtigsten Begriffe farbige, verrückte, temporeiche Bilder mit einem Hauch von Sex (je nach Altersklasse). Bei den EG-Staaten für Frankreich z. B. den Eiffelturm, für Italien den Stiefel, für die Niederlande den Käse usw. Dann tüfteln Sie aus

den noch unzusammenhängenden Bildern eine Geschichte. Je irrwitziger und dramatischer, desto besser. Sprechen Sie alle fünf Sinne an: Sehen, Hören, Fühlen, Riechen und Schmecken. So könnten die Stützfüße des Eiffelturms Stiefel tragen, die, wenn man näher hingeht, einen ganz intensiven Käsegeruch haben, usw. Wenn Sie dann diese Geschichte erzählen, ergänzt mit einem Mind Map zur Visualisierung, werden Sie feststellen: An diese Geschichte erinnern Sie sich mit Sicherheit – und damit auch an den Lernstoff!

5.
Noch Fragen?

Ich möchte lieber einige der Fragen wissen,
als alle Antworten.

James Thurber

In Seminaren, in privaten und geschäftlichen Gesprächen werden mir immer wieder Fragen zum Mind Mapping gestellt, die auftauchen, wenn man gerade anfängt, mit Mind Maps zu arbeiten. Einige dieser Fragen habe ich aufgegriffen, um Ihnen zusätzliche Anregungen zu geben. Allerdings erhebe ich für mich nicht den Anspruch, auf jede Frage eine Antwort zu wissen. Dafür macht mir selbst das Fragen viel zu viel Spaß.

1.
Wie überwinde ich meine Anfangshemmung, wenn ich vor dem leeren Blatt Papier sitze und noch nicht weiß, wie das Mind Map aussehen wird?

Legen Sie Ihr Blatt quer, zeichnen Sie in die Mitte irgendeine Form und legen Sie los! Denken Sie bitte immer daran, dass jedes Mind Map in seiner Art richtig ist und dass Sie jederzeit ein zweites Mind Map erstellen können, mit all den Vorteilen (z. B. besser zusammenfassen, neue Ideen finden, übergeordnete Strukturen entdecken), die dies bietet. Eine andere Möglichkeit ist, dass Sie sich für bestimmte Zwecke, z. B. für Feste, eine allgemeine Vorlage vorbereiten, die Sie immer wieder einsetzen können (siehe S. 88).

2.
*Wie kann ich mir bei der Raumaufteilung
meiner Mind Maps helfen, wenn ich noch nicht weiß,
welcher Ast wie viel Platz braucht?*

Wenn Sie Schwierigkeiten mit der Platzeinteilung haben, dann versuchen Sie, wie bei einer Torte, zunächst die Grundschnitte zu machen und dann erst die einzelnen Stückchen einzuteilen. Für Ihr Mind Map heißt das: den ersten Ast in eine Ecke setzen und den nächsten Ast genau gegenüber. Den dritten und vierten Ast setzen Sie dann im rechten Winkel dazu. Sie können bei dieser Methode neu dazugekommene Äste zunächst gleichmäßig verteilen. Diese sind dann zwar nicht in der richtigen Reihenfolge angeordnet, aber dafür haben Sie ja die Möglichkeit, Ihre Äste anschließend zu nummerieren.

3.
*Ich fange mit einem Mind Map an,
und dann stellt sich heraus, dass das Papier für einen
meiner Äste zu klein ist. Was tue ich nun?*

Wenn sich herausstellt, dass ein Ast sehr große Verzweigungen aufweist und der Platz auf dem Papier zu klein ist, dann können Sie zur Fortsetzung einen neuen Ast verwenden. Kennzeichnen Sie beide Äste – die ja zusammengehören – mit derselben Farbe, demselben Muster oder umhüllen Sie die Äste mit einem «Handschuh» (siehe S. 56 f.). So können Sie auf einen Blick feststellen, dass die beiden Äste eine Einheit bilden. Es gibt aber noch andere Möglichkeiten: Entweder Sie notieren auf diesem Ast den Vermerk «Blatt 2» und benutzen ein zusätzliches Blatt oder Sie befestigen zusätzlich Blätter mit Klebestreifen. So kann dann z. B. aus einem DIN-A4-Format ein DIN-A3-Format werden.

4.
Ich verwende im Unterricht oder bei Besprechungen Mind Maps zur Stoffsammlung oder zum Brainstorming. Was tue ich, wenn sehr viele Begriffe genannt werden und der Platz nicht reicht?

Verwenden Sie von vornherein große Papierformate. Fertig zugeschnittenes Pinnwand-Packpapier (140 x 120 cm) oder große Packpapierrollen, die es in jedem Schreibwarengeschäft gibt, eignen sich gut. Falls dann Ihr Mind Map doch nicht so umfangreich wird, können Sie später die überflüssigen Ränder abschneiden. Wenn der Platz immer noch nicht reicht, gliedern Sie Äste des Mind Maps aus und legen für diese ein neues Mind Map an.

5.
Wie finde ich die richtigen Schlüsselwörter?

Wenn Sie beginnen, mit Mind Maps zu arbeiten, kann es am Anfang schwierig scheinen, die richtigen Schlüsselwörter zu finden. Doch das übt sich schnell. Wenn Sie Mind Maps zu gelesenen Texten anfertigen, dann nutzen Sie die vorgegebenen Strukturen der Autoren, z. B. Absätze, **Fettdruck**, verschiedene Schriftgrößen, *Kursivdruck* oder Rahmen, für Ihre Schlüsselwörter (siehe S. 47). Bei Büchern können Sie sich an den Inhaltsverzeichnissen orientieren. Je mehr Übung Sie mit Mind Maps bekommen, desto schneller fallen Ihnen Schlüsselwörter in Texten auf. Im Laufe der Zeit werden Sie Texte bereits beim Durchlesen immer nach solchen Gliederungs- und Strukturmöglichkeiten durchsuchen. Interne Gedankennetze oder Gedankenstrukturen werden schneller aufgebaut. Ich habe die Erfahrung gemacht, dass mittlerweile auch das reine Durchlesen viel zügiger geht, denn die wichtigen Begriffe fallen mir meistens sofort auf. Dazu haben sicher meine vielen Mind Maps beigetragen.

6.
Wie finde ich Symbole oder Bilder für meine Mind Maps, die ich auch später noch «lesen» kann?

Wenn Sie Zweifel an Ihren Zeichnungen haben, schreiben Sie zunächst immer das entsprechende Wort dazu. Das erleichtert das Identifizieren. Beginnen Sie mit einfachen Symbolen, die leicht wieder zu erkennen sind. Mit zunehmender Übung können Sie Ihre Zeichnungen sicher erkennen. Oder Sie versuchen es wie bei einer Landkarte mit einer Legende, in die Sie alle wichtigen Symbol-, Bild- oder Farbbedeutungen eintragen.

7.
Wie kann ich sicherstellen, dass eine andere Person oder eine Gruppe mit meinem Mind Map etwas anfangen kann?

Wenn alle Teilnehmer Ihr Mind Map verstehen sollen, dann kennzeichnen Sie bestimmte Abläufe immer gleich oder verwenden Sie eine Legende. Fügen Sie z. B. für zeitlich nacheinander ablaufende Arbeiten 1., 2., 3. oder das Kalendersymbol (siehe S. 60) ein. Wenn Sie Prioritäten kennzeichnen wollen, fügen Sie z. B. die Buchstaben «A», «B», «C» ein, die Ihnen und den anderen vielleicht schon aus den Aufgabenprioritäten eines Zeitplanbuchs bekannt sind. Symbole und Bilder, die nicht allen Teilnehmern bekannt sein können, sollten immer erklärt oder in einer Legende festgehalten werden.

8.

Bei einer Stoffsammlung passen Begriffe auf mehrere
Äste und Zweige. Wie gehe ich damit um?

Schreiben Sie den Begriff auf jeden Ast oder Zweig, für
den er wichtig ist. Das ist die einfachste Möglichkeit.
Damit Sie sehen können, dass dieses Wort mehrere Male
im Mind Map auftaucht, können Sie es mit Farben oder
Symbolen kennzeichnen. Mein Vorschlag für die Kenn-
zeichnung von Begriffen, die im Mind Map mehrfach
auftauchen, ist das

‖:Wiederholungszeichen:‖

aus der Musik. Rahmen Sie den betreffenden Begriff mit
diesem Wiederholungszeichen ein. Eine andere Möglichkeit wäre der Einsatz von Hinweispfeilen (siehe
S. 67 f.). Achten Sie darauf, dass das Mind Map noch
übersichtlich bleibt.

9.

Können mehrere Personen gleichzeitig an einem
Mind Map arbeiten?

Mind Mapping ist für gemeinschaftliches Arbeiten in
Teams absolut ideal. Dabei kann einer für alle das
Schreiben übernehmen. Bei ausreichender Papiergröße
oder einer großen Tafel können auch mehrere Personen
gleichzeitig schreiben. An meinem größten Mind Map
haben 28 Personen gearbeitet. Da kann jeder individuelle Gedanke sofort notiert werden. Kein kreativer Einfall
geht verloren und Geistesblitze aus der Gruppe finden
sofort die richtige Stelle im Mind Map. Mit Mind Mapping können Sie die verschiedenen Verknüpfungen oder
Assoziationen zeigen, die durch die Gedanken der einzelnen Teammitglieder angeregt wurden. Gleichzeitig
strukturieren Sie sie. Jedes einzelne Teammitglied kann

sich von den Ideen der anderen inspirieren lassen und sieht seinen Beitrag sofort im größeren Rahmen festgehalten. Sie müssen nicht sagen: «Diesen Punkt haben wir im Moment nicht vorgesehen» oder «Leider haben wir diesen Absatz bereits abgeschlossen». Fügen Sie einfach ein, und wenn Sie am Schluss feststellen, dass jetzt die Reihenfolge nicht mehr stimmt, dann nummerieren Sie einfach die Äste um.

10.
Ich habe Mind Maps zum Mitschreiben von Besprechungen verwendet und danach keinen Überblick gehabt, sondern eher Verwirrung. Wie helfe ich mir?

Wenn Sie Mind Maps zum Mitschreiben verwenden, dann fehlt manchmal die Zeit, ein treffendes Schlüsselwort zu finden. Ich helfe mir bei Besprechungen oder Vorträgen, die ich mitschreiben möchte, damit, dass ich diese Mind Maps als «Skizzen-Maps» betrachte: Ich arbeite mit Bleistift, radiere, dehne die Äste bis auf die Rückseite aus, wenn der Platz knapp wird, und schreibe schon mal einen Satz in Stichworten auf den Ast, wenn mir ein passendes Schlüsselwort in diesem Moment nicht einfallen will. Diese «Skizzen-Maps» sind für mich eine vorstrukturierte, gehirngerechte Erinnerungshilfe, die ich bei Bedarf in ein «vorzeigbares» Mind Map verwandeln kann.

11.
Kann ich mein Mind Map in einer Geschäftsbesprechung verwenden, oder sollte ich meine Vorbereitungen lieber durch «normale» Gliederungen ergänzen?

Im Gegensatz zu den englischsprachigen (der Mind-Map-Erfinder Tony Buzan stammt aus England) und den skandinavischen Ländern ist Mind Mapping bei uns noch nicht sehr weit verbreitet. Das heißt, zur Zeit werden Sie mit dieser Arbeitsweise noch auffallen. Wenn Sie Unterlagen für Kollegen vorbereiten, dann verwenden Sie anfangs zusätzlich zu Ihrem Mind Map noch eine «herkömmliche» Gliederung. Alle Personen aus meinem geschäftlichen Umfeld kommen mit meinen Mind Maps zurecht – ich habe allerdings mein Schriftbild etwas verbessern müssen.

12.
Kann ich Mind Maps auch am PC machen?

Inzwischen gibt es von einigen Herstellern Software, mit deren Hilfe Sie auch am Computer mit Mind Maps arbeiten können. Das ist ideal für alle, die eine schlecht zu entziffernde Handschrift haben oder gerne mit dem Computer und seinen vielen Vorteilen arbeiten. Sie können z. B. die Inhalte der Mind Maps zur Weiterverarbeitung in andere Programme übernehmen. Das am Computer erstellte Mind Map kann in der Regel ohne Mehraufwand auch als herkömmliche Gliederung ausgedruckt werden. Bei entsprechender Hardware-Ausrüstung ist sogar der Einsatz von Farbe möglich.

13.
Was ist denn das Wichtigste beim Mind Mapping?

Alles, was gehirngerechtes Arbeiten fördert und unterstützt, ist wichtig. Meine Frage lautet immer: «Schadet es, oder fördert es gehirngerechtes Arbeiten – und macht es Spaß?» Das ist für mich das einzige Kriterium beim Mind Mapping.

14.
Welche deutschen Wörter gibt es für den Begriff
«Mind Map»?

«Mind Map» bedeutet wörtlich übersetzt «Gedankenkarte» (mind = Gedanken, Gedächtnis; map = die Land- oder Himmelskarte bzw. aufzeichnen) oder auch: *ein Netzwerk, das Ihre Gedanken federn lässt!*

Für Seminare bzw. Vorträge zum Thema Mind Mapping wenden Sie sich bitte an die Autorin:

Margit Hertlein
Fax 0 91 41 / 7 48 47

... **und so sehen wir betroffen**
den Vorhang zu und alle Fragen offen ...
Goethe

6.
Tipps zum Weiterlesen

ACKERMANN, ROLF u. a.: Kreativ lehren und lernen. Gabal Verlag, Offenbach 1995.

BIRKENBIHL, VERA F.: Stroh im Kopf? Oder: Gebrauchsanleitung fürs Gehirn. Gabal Verlag, Offenbach 1996.

BÜHS, ROLAND: Tafelzeichnen kann man lernen. Bergmann + Helbig Verlag, Hamburg 1993.

BUZAN, TONY: Kopf Training – Anleitung zum kreativen Denken. Tests und Übungen. Goldmann Verlag, München 1993.

BUZAN, TONY: Nichts vergessen! Kopftraining für ein Supergedächtnis. Goldmann Verlag, München 1995.

EDWARDS, BETTY: Garantiert Zeichnen lernen. Das Geheimnis der rechten Hirn-Hemisphäre und die Befreiung unserer schöpferischen Gestaltungskräfte. Rowohlt Verlag, Reinbek bei Hamburg 1982.

FEICHTENBERGER, CLAUDIA; WECHDORN, SUSANNE: Mind-Mapping für Kinder. hpt breitschopf, Wien 1996.

GESCHWIND, NORMAN: Die Großhirnrinde. In: Gehirn und Nervensystem. Woraus sie bestehen – wie sie funktionieren – was sie leisten. Heidelberg, 1988.

HÜHOLDT, JÜRGEN: Wunderland des Lernens. Lernbiologie, Lernmethodik, Lerntechnik. Hüholdt Verlag, Bochum 1995.

KAHL, REINHARD: Problems are our Friends. Pädagogik, Heft 12 / Dezember 1996, S. 39 ff.

KLEBERT, KARIN; SCHRADER, EINHARD; STRAUB, WALTER G.: KurzModeration. Windmühle GmbH, Hamburg 1987.

KLINE, PETER: Das alltägliche Genie. Oder: Wie man sich in das Lernen (neu) verlieben kann. Junfermann Verlag, Paderborn 1995.

KLINE, PETER; MARTEL, LAURENCE D.: Die Schule spielend meistern. Lern- und Arbeitsbuch. Junfermann Verlag, Paderborn 1997.

ORNSTEIN, ROBERT; THOMPSON, RICHARD F.: Unser Gehirn: das lebendige Labyrinth. Rowohlt Taschenbuch Verlag, Reinbek bei Hamburg 1993.

PÖPPEL, ERNST: Geheimnisvoller Kosmos: Das menschliche Gehirn. C. Bertelsmann, München 1994.

RIEDEL, KATJA: Persönlichkeitsentfaltung durch Suggestopädie. Schneider Verlag Hohengehren, Boltmannsweiler 1995.

SVANTESSON, INGEMAR: Mind Mapping und Gedächtnistraining. Gabal Verlag, Offenbach 1995.

WYCOFF, JOYCE: Gedanken-Striche. Auf neue Ideen kommen, Probleme lösen – mit Mindmapping. VAK Verlag für angewandte Kinesiologie, Freiburg 1993.

Dieses Mind Map können Sie ausschneiden und zur besseren Übersicht beim Lesen neben das Buch legen.

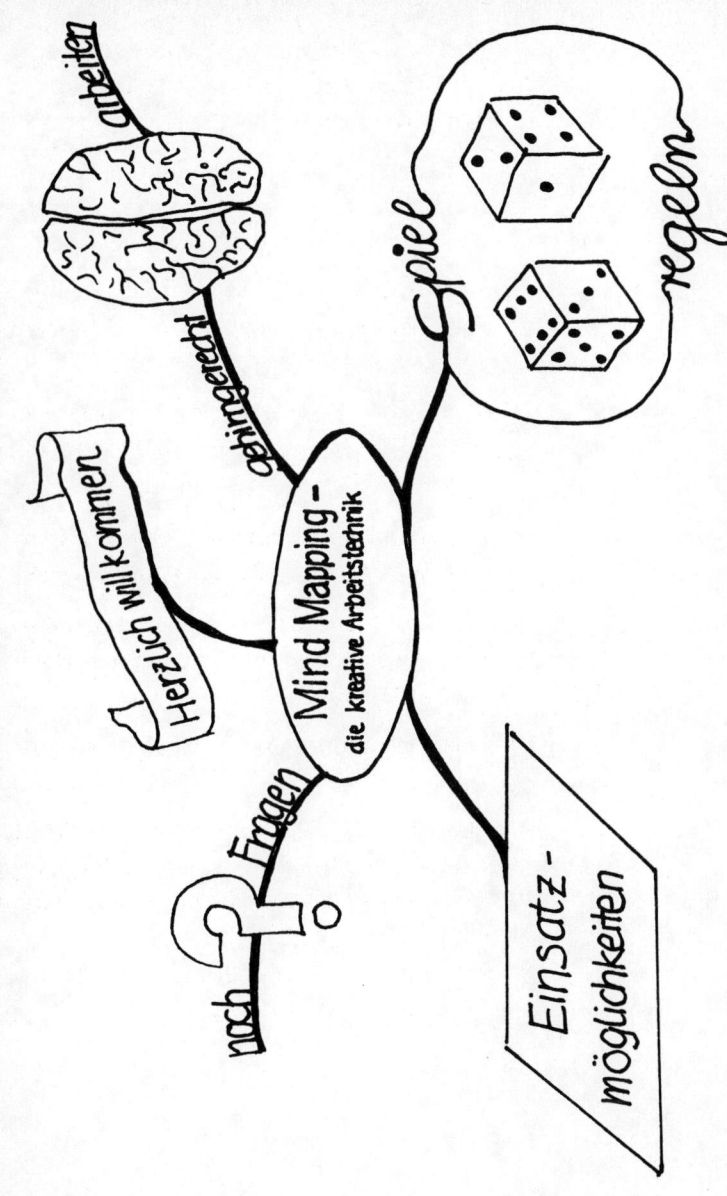